W0045405

UNRAST

Anselm Schindler

Die Strategie der Rose

Kurdistan und der Krieg um Westasien

Mit einem Vorwort von Kerem Schamberger

UNRAST

Bibliografische Information der Deutschen Bibliothek
Die Deutsche Bibliothek verzeichnet diese Publikation in der Deutschen
Nationalbibliografie; detaillierte bibliografische Daten sind im Internet
über http://dnb.ddb.de abrufbar.

Anselm Schindler: Die Strategie der Rose
1. Auflage, Oktober 2018
ISBN 978-3-89771-072-6

© UNRAST-Verlag, Münster
www.unrast-verlag.de – kontakt@unrast-verlag.de
Mitglied in der assoziation Linker Verlage (aLiVe)

Umschlag: Janina Rott, Münster
Satz: UNRAST Verlag, Münster
Druck: Multiprint, Kostinbrod

Inhalt

Für Anna Hêlîn Campbell
und all die anderen,
die für eine freiere Welt
ihr Leben gegeben haben.

Vorwort

von Kerem Schamberger

Die kurdischen Gebiete liegen zwischen verschiedenen Welten. Der iranischen, der türkischen und der arabischen. Geografisch, kulturell, und leider auch politisch. Leider deshalb, weil in den Bergen Kurdistans auch die krassen Widersprüche zwischen verschiedenen regionalen Machtblöcken aufeinanderprallen, die das Gebiet zerreißen, und mit ihm die Menschen. Verteilt auf verschiedene Staaten und dem ständigen Druck der politischen, religiösen und kulturellen Assimilierung ausgesetzt, wurde Kurdistan immer wieder zum Schauplatz regionaler, aber auch internationaler Konflikte. Und der Kampf um Kurdistan ist zum Katalysator für einen Wandel in der Region geworden: Sowohl in der Türkei als auch in Syrien steht die „Kurdenfrage" im Zentrum des Ringens um eine neue demokratische Gesellschaft. In der Türkei deshalb, weil eine demokratische Autonomie für die kurdischen Gebiete, also eine Dezentralisierung des Staates, eine Kompetenzverteilung in die Regionen, eine Grundvoraussetzung dafür ist, dass die gesamte türkische Gesellschaft sich demokratisiert – nur so wird man der Vielfalt der Völker in der Region gerecht. Und auch in Syrien, wo die kurdische Freiheitsbewegung für eine föderale und demokratische Ordnung kämpft.

Im mehrheitlich kurdisch geprägten Norden Syriens, auch bekannt unter der Bezeichnung Demokratische Föderation Nordsyrien, haben es die Menschen geschafft, dem Chaos und Elend des Krieges mit einem feministischen und radikaldemokratischen Aufbruch zu trotzen. Sie haben neue Hoffnung geschaffen und haben das Potenzial, die Verhältnisse zwischen Bosporus, Damaskus und Bagdad so stark ins Wanken zu bringen, dass sich ganz neue Möglichkeiten für ein freieres und (auch im ökonomischen Sinne) gleicheres Zusammenleben auftun. In Nordsyrien führen die Menschen seit 2012 den Beweis, dass es trotz aller Widersprüche möglich ist, sich auf den Weg zu diesem Zusammenleben zu machen. Die Menschen in der Region wollen ihr Leben in die eigenen Hände nehmen, anstatt sich von Damaskus oder von irgendeinem anderen Machtzentrum dieser Welt aus Befehle erteilen zu lassen.

Es wurde bereits viel berichtet über diesen Aufbruch, viele Menschen aus vielen Teilen dieser Welt haben sich auf den Weg nach Rojava und in die anderen Gebiete Kurdistans aufgemacht, auch, um zu berichten, was dort vor sich geht. Um aufzurütteln, sich zu solidarisieren, und um gemeinsame Perspektiven zu diskutieren. „Die Strategie der Rose" ist ein weiterer Beitrag, der in diese Richtung weist. Auch Anselm Schindler hat sich nach Kurdistan begeben, um im Herzen der Revolution Eindrücke und Erfahrungen zu sammeln. Allerdings nicht als passiver Beobachter, nicht als jemand der an der Seite des Spielfelds steht und von dort kluge Ratschläge gibt, sondern als Aktivist, als jemand der sich als Teil des Prozesses der Veränderung sieht. Deshalb transportiert „Die Strategie der Rose" nicht nur sachliche, politische Informationen, sondern vor allem auch Gefühle. Weil eine Revolution weniger eine Sache der Technik ist, als vielmehr eine Sache des Mitfühlens, der Wut und der Verbundenheit.

Das Buch, welches Texte aus dem Zeitraum von Frühjahr 2015 bis August 2018 umfasst, versucht dabei, die Kämpfe die in den kurdischen Gebieten geführt werden, in einen größeren Gesamtzusammenhang einzuordnen und eine grobe Skizze der geopolitischen Konflikte in Westasien zu zeichnen. Alleine die Bezeichnung „Westasien" weist schon darauf hin, dass die vom Westen vorgegeben Begriffe und Verortungen hinterfragt und neu konzipiert werden müssen. Aus einer Perspektive von unten und vor Ort. Der erst kürzlich verstorbene Marxist Samir Amin prägte dafür den Begriff des Eurozentrismus, der von Abdullah Öcalan in der Theorie und in Rojava in der konkreten Praxis, mit aller Radikalität hinterfragt wird. Die Region, die in Europa zumeist als Naher Osten bezeichnet wird, war nie nur Spielball zwischen Großmächten, die Menschen in Westasien und diejenigen die sie beherrschten waren nie nur die beliebig verschiebbaren Schachfiguren als die sie auch in linksliberalen Zusammenhängen und Medien oft dargestellt werden. Wahr ist aber eine Sache, die hinter diesem Denkmodell steht: Dass Westasien, weil es ein ökonomisch und geopolitisch gesehen strategisch sehr wichtiger Ort ist, immer ein umkämpfter Schauplatz war, an dem zumeist westliche imperialistische Staaten ihre Konflikte austrugen – und der natürlich immer auch ein Ort war, der westlichem Kapital zur Expansion diente.

Europa und Westasien gehören zusammen, sie haben immer schon zusammengehört, ihre Herrscher haben sich gegenseitig unterstützt und bekriegt, Kulturen, Sprachen und Religionen sich gegenseitig beeinflusst, von der Mathematik bis hin zum Essen ist die Kulturgeschichte Europas und Westasiens eine Geschichte ihrer Synthese. „Die Strategie der Rose" macht zuletzt auch diesen Punkt stark: Gesellschaftliche und politische Probleme lassen sich nicht alleine hier oder alleine dort lösen. Im globalen Kapitalismus steht alles miteinander in Verbindung. Das Buch ist deshalb auch als Appell zu verstehen, als Appell für eine neue transnationale Vernetzung des Widerstandes, für eine neue Internationale der Solidarität. Das Entstehen dieses Netzes der gegenseitigen Unterstützung und der Zusammenführung der Kämpfe hat bereits begonnen, und es beginnt von vielen Orten dieser Welt aus gleichzeitig. Einer dieser Orte ist Kurdistan.

Die Arbeiter*innenpartei Kurdistans, PKK, ist die treibende Kraft hinter dem Widerstand in Kurdistan, das gilt insbesondere für den Kampf gegen die Unterdrückung durch den türkischen Staat, aber auch für den radikaldemokratischen Aufbruch in Rojava und die Frauenbefreiung. Die Fahne mit dem roten Stern im gelben Kreis ist für viele Menschen in Kurdistan, wie kein anderes Symbol, zum Zeichen für ein freies und solidarisches Zusammenleben geworden. Eine demokratische Lösung der Probleme in der Türkei, in Syrien, dem Iran und dem Irak, insbesondere eine Lösung die auf die Gleichberechtigung der verschiedenen Identitäten in der Region abzielt, wird erst dann möglich sein, wenn die Staaten in der Region, allen voran der türkische Staat, ihre Blockade- und Kriegspolitik gegenüber der PKK und ihren Schwesterorganisationen aufgeben. (Foto: Anselm Schindler)

1

Das Haupt erheben*

Ein kleines Camp in den Bergen Südkurdistans, Nordirak: Am Lauf eines Baches sitzen eine Handvoll Kämpfer*innen und diskutieren über die Lage im Nahen Osten. Der Bach ist an einer Stelle unterbrochen, es sammelt sich dort etwas Wasser, hier werden Lebensmittel gekühlt, im Sommer klettern die Temperaturen in der Gegend nicht selten über 50 Grad. Die Balzrufe von Kröten und Fröschen sind zu hören. Nach einigen Stunden wird der Blick, endlich abseits des Staubes und der Abgase der großen Städte, schärfer für die Details der Natur. Überall scheinen Tiere aufzutauchen. Plötzlich sind die Äste, die aus dem Wasser ragen, übersät mit kleinen Fröschen, die, gut getarnt, fast mit der Rinde zu verschmelzen scheinen. Ein Flusskrebs wandert über die Steine am Ufer.

Dann raschelt es plötzlich hinter den Kämpfer*innen, eine große Spinne krabbelt aus dem Laub, einer der Männer spießt sie mit einem Regenschirm auf. Er entschuldigt sich, eigentlich sei er ökologisch eingestellt, aber die Spinne sei giftig gewesen. Es entsteht eine Diskussion über Ökologie und Vegetarismus. Früher, das hört man immer wieder, hätten die Kämpfer*innen der Arbeiter*innenpartei Kurdistans (*Partiya Karkerên Kurdistanê* – PKK), weniger auf die natürlichen Ressourcen geachtet, teils wurde sogar mit Handgranaten gefischt. Das hat sich in den vergangenen Jahren stark gewandelt. Die Kämpfer*innen tun es den Fröschen gleich, sie verschmelzen mit der Natur. Die wenigen Laptops und Handys, die an wichtigen Infrastrukturpunkten der Guerilla betrieben werden, werden zumeist mit kleinen Fotovoltaikplatten betrieben. Doch in den meisten Camps existieren kaum elektronische Geräte, sie werden nur zu leicht von den Drohnen erfasst, die immer wieder über die Guerillagebiete fliegen.

Trotz aller Grenzen, trotz unzähliger Checkpoints des türkischen Militärs, der Peschmerga oder der iranischen Armee und trotz der Angriffe von Dschihadisten, hat die Guerilla in den kurdischen Gebieten des Nahen Ostens und darüber hinaus ein dichtes Netz der Infrastruktur

---

* Die Texte entstanden im Zeitraum vom Frühjahr 2015 bis August 2018 und spiegeln die jeweilige politische und gesellschaftliche Lage wieder, die in diesem Zeitraum vorherrschend war.

und Logistik aufgebaut. Kämpfer*innen, Zigaretten, Waffen, Tee und andere Lebensmittel wandern täglich von A nach B, ohne dass die Staaten und ihre Geheimdienste in der Region effiziente Möglichkeiten gefunden hätten, das zu unterbinden. Machbar sei das nur, weil die Guerilla tief in der Bevölkerung verwurzelt sei und von der Bevölkerung in Dörfern und Städten viel Unterstützung erhalte, erklärt der Kommandant am kleinen Bachlauf und wirft viel zu viele Würfel Zucker in seinen Tee.

In vielen Teilen Kurdistans gibt es kaum Familien, die keine Angehörigen in PKK-Kadern haben oder der Partei zumindest zuarbeiten. Omnipräsent sind auch die Gefallenen. In fast jedem Wohnzimmer hängen ihre Fotos an den Wänden. Energisch wirbelt der Löffel durch das Teeglas. Kommandant Agit (Name geändert) blickt auf. Um die Geschichte der PKK zu verstehen, sagt er, müsse man die Geschichte des kurdischen Volkes verstehen. Er beginnt zu erzählen.

Schon die Frage, wann diese Geschichte beginnt, ist nicht einfach zu klären, vor allem weil sie mit anderen Fragen verknüpft ist. Mit Fragen nach Kultur, nach Identität, nach Stämmen und Klans. Verwoben mit dem Aufstieg und Fall von Großreichen und den Widerständen gegen diese Reiche.

Aus der sumerischen Mythologie, die erste aufgeschriebene Mythologie der Menschheitsgeschichte, lässt sich herauslesen, dass es schon zu Zeiten der Sumerer in der Taurus-Zāgros-Gebirgskette, also dem heute auch von Kurd*innen besiedelten Gebiet, diverse Stämme und Stammesverbände gab, die gegen die Fremdherrschaft durch den sumerischen Stadtstaat aufbegehrten. Sie erscheinen in der sumerischen Mythologie als die Monster aus den Wäldern des Nordens. Aus diesen Stammesverbänden gingen über die Jahrhunderte hinweg auch verschiedene Dynastien und Föderationen hervor. Die Hurriter und die Meder, die sich über das heutige Kurdistan und den heutigen Iran ausbreiteten, gehörten zu diesen Dynastien und viele Kurd*innen sehen sich in ihrer Tradition.

Verwoben ist die Geschichte des kurdischen Volkes auch mit den Mythen um Zarathustra, von dem die einen sagen, dass er Perser, die anderen, dass er Kurde gewesen sei. Selbst die arabischen Herrscherhäuser, die ab dem 6. Jahrhundert auch die kurdischen Gebiete teils mit Gewalt islamisierten, konnten den zoroastrischen Kult nicht ganz verbannen. Er lebt bis heute in Traditionen des Alevitentums fort, und manche sehen auch in den Newroz-Feuern, die zu Beginn des Frühjahrs nicht nur in Kurdistan, sondern auch in Afghanistan und dem Iran brennen, Zarathustra fortwirken. Ähnlich wie in vielen anderen nicht-monotheistischen Religionen und Kulten sind Frauen und Männer im Zoroastrismus gleichgestellt. Die zoroastrische Lehre sucht auch nach einem friedlichen Zusammenleben mit anderen Religionen.

Es ist kein Wunder, dass sich alte Traditionen wie die des Zoroastrismus über Jahrtausende in den Bergen, die man heute unter dem Begriff Kurdistan kennt, halten konnten. Denn die Region ist seit jeher eine Gegend des Widerstandes, eingekeilt zwischen dem persisch/iranischen, dem türkischen und dem arabischen Machtblock. Immer Gefahr laufend zwischen diesen Machtblöcken zerrieben zu werden, haben sich die Menschen in die Berge zurückgezogen, um ihr Leben und ihre Eigenheiten zu erhalten.

Seit den Kriegen zwischen dem Perserreich (Sassaniden) und den Römern sowie später zwischen Persern (Safawiden) und Osmanen (Türken) ist Kurdistan von Grenzanlagen und Wachposten zerrissen. Und die Menschen, die in diesem Gebiet leben, finden sich seither in verschiedenen Armeen, die gegeneinander in den Krieg ziehen wieder. Großreiche kamen und verschwanden, doch die Zerrissenheit ist geblieben. Mit der Zerschlagung des Osmanischen Reiches im 1. Weltkrieg und durch die kolonialistische Aufteilung der Region zwischen Frankreich und England kamen noch zwei weitere Grenzen dazu: die zwischen der Türkei und dem neuen Nationalstaat Syrien sowie zwischen Syrien und dem unter britischer Besatzung entstehenden Irak.

Und auch die Repression gegenüber den Kurd*innen, ihrer Sprache und ihrer Kultur verschärft sich nach dem Ersten Weltkrieg. Vor allem in der neu entstehenden türkischen Republik, die auf den Trümmern des Osmanischen Reiches heranreift, geraten die Kurd*innen ins Kreuzfeuer des nationalistischen Regierungsapparates. Ähnlich wie auch in Italien und Deutschland entsteht in der geschlagenen Türkei eine faschistische Bewegung. Ihr Führer trägt den Beinamen Atatürk, „Vater der Türken". Der junge Mann gehört der Strömung der Jungtürken an, einer säkularen und ultranationalistischen Bewegung. Atatürks bürgerlicher Name, Kemal Mustafa, gibt bis heute dem republikanisch-nationalistischen Selbstverständnis vieler Türk*innen einen Namen: Kemalismus. Sie kennen innerhalb der türkischen Grenzen nur ein Volk, nur eine Sprache und eine Kultur.

Besonders das armenische und kurdische Volk fallen dem Vernichtungszug der Kemalisten zum Opfer. Nach dem Völkermord an den

Armenier*innen im Ersten Weltkrieg nimmt, nach der Gründung der türkischen Republik, auch der Terror gegen die kurdische Bevölkerung zu. In Dersim beispielsweise, tötet die türkische Armee in den Jahren 1938 und 39 Zehntausende alevitische Kurd*innen. Weil die Armee Munition einsparen will, werfen die Soldaten unzählige Menschen, Männer, Frauen, Alte und Kinder von den Berghängen. Es ist eines von mehreren Massakern, das in der Türkei bis heute geleugnet wird.

Das Massaker von Dersim ist ein Schock für die Menschen in der Region. Ihm folgt kein Aufschrei, im Gegenteil: Die „Kurdenfrage" verschwindet jahrzehntelang hinter einem Vorhang der Verdrängung, der Scham und des Vergessens. Neben der physischen Ausrottung von Zehntausenden Menschen wird auch ein Krieg gegen Sprache und Kultur geführt, kurdische Namen, Wörter und Bräuche werden verboten. Erst mit der Bewegung der Achtundsechziger, die in der Türkei noch mehr Trubel und sozialen Aufruhr hervorruft als in den meisten europäischen Ländern, erscheint die „Kurdenfrage" wieder auf der Bildfläche. Denn mit dem Jahr 1968 beginnt auch die Geschichte der PKK, der Arbeiter*innenpartei Kurdistans – auch wenn diese sich erst rund ein Jahrzehnt nach den Massenaufständen gründet.

Inspiriert durch den antikolonialen Kampf in den Ländern des Trikonts, formieren sich auch in der Türkei zunehmend Gruppen junger Leute, die bereit sind, gegen die herrschende Ordnung zu kämpfen. Die Arbeiter*innenviertel von Elazig, Dersim, Antep und anderen Städten Anatoliens werden zu Zentren junger kommunistischer Bewegungen und Parteien, die sich bald schon blutige Auseinandersetzungen mit Faschisten und der Polizei liefern. Und auch in Ankara und Istanbul wird, gerade an den Universitäten, eifrig diskutiert. Massenhaft gehen Arbeiter*innen auf die Straße und streiken für ihre Rechte und höhere Löhne.

Im März 1971 ziehen türkische Generäle die Notbremse, sie trauen es der Regierung nicht mehr zu, die Lage weiter unter Kontrolle halten zu können. Mit Unterstützung der NATO putscht sich das Militär an die Macht. Der Putsch richtet sich vor allem gegen die Arbeiter*innenbewegung und die radikale Linke. Es kommt zu Massenverhaftungen, Tausende Menschen verschwinden spurlos und das neue Regime treibt die kommunistischen Organisationen in den Untergrund. Einige Massenorganisationen rufen zum bewaffneten Kampf gegen die Putschisten auf. Unter ihnen die Volksbefreiungsarmee der Türkei (*Türkiye Halk Kurtuluş Ordusu* – THKO). Ihr Anführer ist ein junger Student: Deniz Gezmiş. Die THKO und andere Gruppen versuchen sich in die Berge Anatoliens und Kurdistans zurückzuziehen, um von dort aus den Gegenschlag vorzubereiten, sie versuchen eine Guerillabewegung aufzubauen.

Doch die noch unerfahrenen Revolutionär*innen werden schnell aufgerieben, viele von ihnen werden bei Gefechten getötet oder weggesperrt. Im Dezember 1971 wird Deniz Gezmiş und einer seiner Genossen in der Provinz Sivas in ein Gefecht mit der Polizei verwickelt. Gezmiş kann entkommen und entführt bei seiner Flucht einen Feldwebel. Einige Stunden später aber wird Gezmiş bei einer Straßensperre festgenommen. Um Gezmiş und andere Gefangene zu befreien, entführen kommunistische Revolutionär*innen ein Flugzeug. Doch die Entführung scheitert. Einige Monate später wird Gezmiş, gemeinsam mit einigen Genoss*innen, vor den Augen der anderen Gefangenen erhängt. Unter den Zuschauern befindet sich auch der Student Abdullah Öcalan, ein großer Bewunderer von Gezmiş.

Die radikale Linke war weder auf den Militärputsch, noch auf die unerwartet blutigen Auseinandersetzungen mit dem Staat vorbereitet. Der Putsch kam einer Zerschlagung linker Strukturen in der Türkei gleich, nicht zuletzt durch die physische Vernichtung von Tausenden Linken durch Folter, Schüsse und Stricke. Als der Staat 1973 in einer Generalamnestie viele politische Gefangene freilässt, ist von der radikalen Linken nicht mehr viel übrig. Die Jahre der Diktatur haben tiefe Narben hinterlassen, das Gefühl, der Revolution so nah zu sein, war in ungreifbare Ferne gerückt. Aus dem Knast entlassen, machen sich einige Linke daran, die eigenen Fehler zu analysieren, um noch einmal einen Neuanfang zu wagen. Unter ihnen ein kleines Grüppchen um den Studenten Abdullah Öcalan. Haki Karer, Kemal Pir und Öcalan bilden den Kern der Gruppe. Zwei von ihnen, Öcalan und Karer, sind Kurden. Auch die meisten anderen Mitglieder der Gruppe stammen aus den kurdischen Gebieten, die vom türkischen Staat besetzt sind.

Es entsteht die Idee, sich unabhängig von der türkischen Linken zu organisieren, und den Kampf für den Sozialismus in die Metropolen des türkischen Teils Kurdistans zu tragen. Es bildet sich eine Organisation, die sich *Kürdistan Devrimciler* nennt, Kurdistan Revolutionäre. Umgangssprachlich kennt man sie bald besser als Apocular, als Apoisten. Denn bekannt ist die Gruppe nicht zuletzt für ihren charismatischen Wortführer Abdullah Öcalan, der bis heute den Spitznamen Apo trägt.

Die Apoisten bezeichnen Nordkurdistan als Kolonie des türkischen Staates. Denn die kurdischen Gebiete in der Türkei sind stark unterentwickelt und abhängig vom türkischen Westen. Die Bevölkerung wird brutal ausgebeutet, einerseits von kurdischen Großgrundbesitzern und andererseits an den Werkbänken im türkischen Westen. Viele junge Männer und Familien machen sich in dieser Zeit in die türkischen Metropolen auf, denn der technische Fortschritt in der Landwirtschaft verdrängt nicht wenige Menschen von den Äckern, es entsteht eine Klasse von Wanderarbeitern, die sich an den Rändern der türkischen Metropolen als Subproletariat wiederfinden.

Wenige Jahre nachdem sich die Apocular formiert haben, wird im November 1978, in einer kleinen Hütte in der Provinz Amed (Diyabakir), eine neue Partei gegründet: Es ist die Geburtsstunde der PKK. Öcalan wird zu ihrem Vorsitzenden gewählt. Das Ziel ist der Aufbau einer revolutionären nationalen Befreiungsbewegung in Kurdistan nach marxistisch-leninistischem Schema. Vorübergehendes Ziel ist ein sozialistischer kurdischer Staat. Die Utopie: eine klassenlose Gesellschaft im Nahen Osten und darüber hinaus.

Währenddessen hat sich, zehn Jahre nach Achtundsechzig, die Lage in der Türkei zugespitzt, die Wirtschaft steckt in einer tiefen Krise: Inflation, Einbruch der Absatzmärkte, die Kapitalakkumulation gerät stark ins Stocken. Es beginnen erbitterte Klassenkämpfe, Streiks genauso wie Straßenschlachten zwischen wütenden Arbeiter*innen, Studierenden und der Polizei. Die radikale Linke bekommt immer stärkeren Zulauf, Hunderttausende Menschen drängen in revolutionäre Organisationen. Der Sicherheitsapparat beantwortet das mit Verhaftungswellen und Gewalt. Auch viele PKK-Kader landen in diesen Tagen im Gefängnis. Aus Angst vor einer Zerschlagung der Partei beordert Öcalan die Kader nach Syrien ins Exil. Ein richtiger Schritt, wie sich 1980 herausstellen sollte. Am 12. September dieses Jahres putscht sich das Militär mit Hilfe des US-Geheimdienstes CIA an die Macht. 650.000 Menschen werden verhaftet und verschleppt, Hunderte zum Tode verurteilt. Die türkische Linke liegt erneut am Boden.

Währenddessen bereitet sich die PKK im Ausland auf die Rückkehr nach Kurdistan vor und trifft alle nötigen Vorbereitungen, um dort mit dem bewaffneten Kampf zu beginnen. Der Krieg im Libanon wird für die Partei zur ersten Feuerprobe, dort kämpft die PKK an der Seite palästinensischer Organisationen gegen den Einmarsch der israelischen

Armee. Rund zwei Jahre später sickern Hunderte kampferprobte Kader über die türkisch-syrische Grenze in Nordkurdistan ein und besetzen für einen Tag die Städte Dihe und Semzinan. Es kommt zu einigen schweren Gefechten mit der türkischen Armee, die Kämpfe weiten sich rasch über weitere Gebiete aus. In den kurdischen Gebieten der Türkei ist bald schon vom allgemeinen Aufstand die Rede, vom *Serhildan*, zu Deutsch „das Haupt erheben".

Anfangs glaubt die Regierung in Ankara noch, dass die PKK der militärischen Übermacht der türkischen Armee langfristig nichts entgegenzusetzen habe. Doch die Guerilla hat einen entscheidenden Vorteil: den Rückhalt in der Bevölkerung. Viele junge Menschen aus den ländlichen Gegenden schließen sich der Organisation an, welche dem türkischen Staat waffentechnisch um Längen unterlegen ist. Die Nationale Befreiungsfront Kurdistans (*Eniya Rızgariya Netewa Kürdistan* – ERNK), wird gegründet. Sie arbeitet auch an der gesellschaftlichen Basis, versucht, Bildung in die Bevölkerung hineinzutragen und die kurdische Sprache wiederzubeleben, die an manchen Orten aus Angst vor der Repression der türkischen Besatzung kaum noch gesprochen wird. So wird aus einigen entschlossenen Student*innen innerhalb weniger Jahre eine Massenbewegung.

In den achtziger und neunziger Jahren schafft es die PKK immer wieder, größere Gebiete unter ihre Kontrolle zu bringen und den türkischen Staat in Nordkurdistan zurückzudrängen. Begleitet wird das von Gefängnisaufständen, viele Kader leisten mit Hungerstreiks Widerstand, nicht wenige sterben dabei. Der türkische Staat antwortet auf die immer wieder auflodernden Aufstände mit Bombardierungen, Dörfer werden angezündet, Tausende Menschen verschwinden in Folterzellen, Hunderttausende fliehen, die meisten nach Europa und in andere Teile Kurdistans. In Landkreisen wie Machmur, in der kurdischen Region des Nordirak, entstehen ganze Flüchtlingsstädte.

Als 1989 die Sowjetunion zusammenbricht, verpasst das vielen marxistisch-leninistischen nationalen Befreiungsorganisationen einen starken Dämpfer. Viele haben sich von Moskau oder Peking abhängig gemacht, sowohl was Geld und Waffen betrifft als auch ideologisch. Der Zusammenbruch des sogenannten realsozialistischen Machtblocks bedeutet für viele dieser Bewegungen das Aus. Doch die PKK überlebt diesen Zusammenbruch, es besteht, im Gegensatz zu vielen anderen nationalen Befreiungsbewegungen, weder eine ideologische noch eine logistische Abhängigkeit vom Sowjetstaat.

Mit seinem Zusammenbruch beginnt in der PKK eine kritische Auseinandersetzung mit den inneren Widersprüchen realsozialistischer Staaten. In einer kritischen Würdigung der bisherigen marxistisch-leninistischen Bewegungen schreibt der PKK-Vorsitzende Öcalan in seinem Buch „Sozialismus", dass die Linke aus dem Scheitern der realsozialistischen Bürokratieapparate lernen müsse. Aufgabe der sozialistischen Bewegung müsse es fortan sein, „für die Verkleinerung und Auflösung des Staates" einzutreten und zu „erkennen, welche Gefahren für die Gesellschaft und die Individuen er in sich birgt". Das Buch erscheint 1998. Im selben Jahr muss die PKK ihre Rückzugsbasis in Syrien verlassen, ein Zugeständnis Syriens an den türkischen Staat. Nachdem auch Abdullah Öcalan Syrien verlassen hat, wird er bei einer koordinierten Aktion verschiedener westlicher Geheimdienste verschleppt und sitzt seither auf der türkischen Gefängnisinsel İmralı in Haft.

In Bedrängnis geraten, zieht sich die PKK am 1. September 1999, dem Weltfriedenstag, aus vielen nordkurdischen Gebieten zurück. Es ist ein Friedensangebot an den türkischen Staat, verbunden mit Forderungen nach kultureller und politischer Autonomie. Der türkische Staat schlägt das Friedensangebot aus und ermordet rund 500 sich auf dem Rückzug befindende Kämpfer*innen. Die geschwächte Guerilla findet in den Kandil-Bergen Südkurdistans (Nordirak) Unterschlupf. Hier beginnt für die PKK eine Phase der Selbstkritik und Neuformierung. Angestoßen von Abdullah Öcalans Ideen in Büchern wie *Jenseits von Staat, Macht und Gewalt* entwickelt sich ein neues gesellschaftliches Paradigma, der Demokratische Konföderalismus. Das neue Paradigma formuliert den Versuch, einen Sozialismus ohne Staat aufzubauen, Kollektivität zu schaffen, ohne dabei zu zwanghaft zu vereinheitlichen beziehungsweise die Vielseitigkeit menschlichen Seins zu schmälern.

Am kleinen Bachlauf bereiten die Guerilleros das Mittagessen vor, über dem Feuer blubbern Kichererbsen in roter Soße. Hier in den Bergen Südkurdistans sei mit den Diskussionen über den Demokratischen Konföderalismus nicht zuletzt auch der Grundstein für die Revolution in Rojava, dem mehrheitlich kurdischen Norden Syriens gelegt worden, erklärt Kommandant Agit, und schenkt noch einmal Tee nach. In Rojava ruft die Bevölkerung 2012, im Windschatten des syrischen Bürgerkrieges, die Demokratische Autonomie aus. Die schon zuvor im Untergrund von der PKK-nahen syrisch-kurdischen Partei der Demokratischen Union (*Partiya Yekitîya Demokrat* – PYD) aufgebauten Rätestrukturen übernehmen die Geschicke in Kobanê und anderen Städten der Region. Nach und nach werden immer weitere Teile der Gesellschaft Rojavas basisdemokratisch organisiert. Es ist das erste Mal, dass mit den Ideen des Demokratischen Konföderalismus großflächig experimentiert wird.

Die Geschichte Kurdistans ist auch eine Geschichte der Fremdbestimmung. Die Schreckensherrschaft von regionalen Despoten und internationalen Mächten hat in den kurdischen Gebieten Westasiens tiefe Furchen hinterlassen, in den Herzen der Menschen, in Dörfern und Städten und in der Natur. Den Herrschenden geht es um Macht, Öl und Einflusszonen. Grund genug, die Herrschaft an sich in Frage zu stellen und Alternativen zu erproben. Hier ein Foto von der Umweltzerstörung durch Ölförderung. (Foto: Anselm Schindler)

2

Demokratie ohne Staat

Rojava hat die Ideen des Demokratischen Konföderalismus weltweit bekannt gemacht. Dabei gab es schon vor 2012, in verschiedenen Teilen Kurdistans, Versuche der basisdemokratischen Selbstverwaltung. Machmur ist einer der Orte, in denen die kurdische Freiheitsbewegung schon Anfang des Jahrtausends begonnen hat, radikaldemokratische Volksräte aufzubauen, wenn auch in kleinem Maßstab. Der Staat scheint in Machmur weit weg zu sein, über den Häusern wehen die Fahnen der kurdischen Frauenbewegung und Fahnen mit dem Konterfei des PKK-Vorsitzenden Abdullah Öcalan. In Machmur helfen sich die Menschen selbst: Das Rätesystem reicht von der Lebensmittelverteilung über die Verwaltung der sieben Schulen und die Müllentsorgung bis hin zum kulturellen Leben in der Stadt. Machmur, das ist eine Flüchtlingsstadt im Nirgendwo, in der Wüste der kurdischen Gebiete im Nordirak, zwischen Kirkuk und der Mitte 2017 vom IS befreiten Millionenstadt Mossul.

Aufgebaut wurde der Ort in den Neunzigerjahren von Menschen, die aus dem türkischen Teil-Kurdistans vor den Angriffen des Militärs flohen. „Als wir hier ankamen, gab es nur Skorpione und Schlangen", berichtet Berîn, eine ältere Frau aus dem Zentrum der Kleinstadt. Nicht wenige Kleinkinder seien wegen der Hitze gestorben, im Sommer habe es hier manchmal bis zu 55 Grad. Heute helfen Klimaanlagen gegen die sengende Sonne. Als das Camp aufgebaut wurde, gab es die allerdings noch nicht.

Es gibt eigentlich zwei Machmur, gleich in der Nähe des ehemaligen Flüchtlingscamps, in dem die Menschen irgendwann Hütten aus Stein aufbauten, findet sich eine weitere Stadt, die den gleichen Namen trägt. Die beiden Orte trennt eine nur rund einen Kilometer lange staubige Schlaglochpiste, doch zwischen den beiden Machmur liegen Welten: Der ältere Ort wird von den Peschmerga, den Streitkräften der Autonomen Region Kurdistans im Irak, unter dem autokratischen Regierungschef Masud Barzani*, kontrolliert. Am Ortsrand der Flüchtlingsstadt hingegen checken der PKK nahestehende Einheiten die Autos. Die beiden

---

* Masud Barzani ist im Oktober 2017 von seinem Amt zurückgetreten.

Orte, in der Wüste der kurdischen Autonomieregion, stehen damit Modell für die tiefe Zerrissenheit Irakisch-Kurdistans. Südkurdistan wird zu weiten Teilen von den beiden Familienklans, der Talabanis und Barzanis, kontrolliert. Die kurdische Autonomieregion etablierte sich in ihrer heutigen Form im Zuge des Irakkrieges 2003. Sie wurde erst möglich, weil sich die kurdische Bourgeoisie des Nordirak auf die Seite der US-Besatzung schlug. Bereits ab 1992 hatte der irakische Staat der kurdischen Bevölkerung Zugeständnisse gemacht, es entstand ein provisorisches Regionalparlament. Doch erst die US-Invasion öffnete den Spielraum für mehr Eigenständigkeit

Seither teilen die Familien Barzani und Talabani Südkurdistan unter sich auf. Sie dominieren mit ihren Parteien das Parlament und es herrscht ein ausgeprägtes System der Vetternwirtschaft. Sowohl Regierungschef Masud Barzani von der Demokratischen Partei Kurdistans (*Partiya Demokrata Kurdistanê* – PDK) als auch seine Konkurrenten von der Patriotischen Union Kurdistan (*Yekêtiy Nîştimaniy Kurdistan* – PUK), schanzen wichtige Stellen in Staatswesen und Ökonomie am liebsten ihren eigenen Verwandten zu. Letztlich setzen sich hier alte patriarchal-feudale Familienclanstrukturen unter bürgerlichem Vorzeichen fort.

Mitte der Neunzigerjahre brach zwischen der PDK und der PUK ein offener militärischer Konflikt aus, es ging dabei vordergründig um die Kontrolle von Schmuggelwegen. Die Zentralregierung in Bagdad hatte die Region zuvor mit einem Embargo belegt, welches den Schmuggel erst nötig machte. Zusätzlich unterlag auch der gesamte Irak einem Embargo durch die UN, wodurch auch kein legaler Handel mit den Nachbarländern der kurdischen Region mehr möglich war. Auch heute geht es im Konflikt zwischen PDK und PUK vordergründig um Wirtschaftsinteressen: Barzani kontrolliert die ölreichen Gebiete im Norden der Autonomieregion, wo auch die Talabanis gerne größeren Einfluss hätten.

Zwischen Kirkuk und Machmur flackern am Horizont der Straßen unablässig die riesigen Flammen der Ölraffinerien. 120.000 Barrel Erdöl, umgerechnet rund 20 Millionen Liter, wurden von dort aus täglich in Richtung der türkischen Hafenstadt Ceyhan gepumpt. Während der politischen Krise, ausgelöst von Barzanis Unabhängigkeitsreferendum für die Kurdenregion im Herbst 2017, war die Region jedoch isoliert und auch der Handel mit der Türkei brach kurzzeitig ein. Inzwischen gehen die Ölverkäufe aber weiter. Bis vor einigen Jahren noch wurde das Öl Irakisch-Kurdistans noch Richtung Bagdad abtransportiert, dann beschloss die Barzani-Regierung, das Ölgeschäft künftig nicht mehr über Bagdad, sondern über die Türkei abzuwickeln.

Für die irakische Zentralregierung glich das einer Kampfansage, der zunehmende Einfluss auf die Region durch den türkischen Staat wird dort nicht gerne gesehen. Was auch damit zu tun hat, dass man sich in Bagdad eher Iran-treu zeigt, und das Mullah-Regime in Teheran zählt zu den ärgsten Feinden der Türkei. Die Zusammenarbeit zwischen Erdogan und Barzani erstreckt sich bisweilen nicht nur über enge ökonomische Zusammenarbeit, die Regionalregierung erlaubt es dem Erdogan-Regime auch, türkische Soldaten in Irakisch-Kurdistan zu stationieren und die PKK-Zonen in den Bergen, nördlich von Kirkuk und Erbil, bombardieren zu lassen.

Seit der Besatzung des Irak durch die USA in 2003, befand sich die nordirakische Kurdenregion im Aufschwung, die Städte boomten, vor allem wegen steigenden Ölpreisen. Landauf, landab wurden Bürotürme und Wohnblocks hochgezogen und in der Oberschicht machte sich das Dubai-Symptom breit, das Öl katapultierte einige wenige in die Loft-Etagen des Nahen Ostens. Ein bisschen was von diesem Gefühl ist in den Städten noch spürbar, die Söhne reicher Familien protzen mit dicken Autos oder stoßen im Irish Pub in Sulaimaniyya auf das kurdische Wirtschaftswunder an. Doch langsam scheint der Boom sich in Luft aufzulösen: Der neoliberale Kapitalismus ist in Südkurdistan bereits seit einigen Jahren in der Krise, abseits der Straßen ragen im Umland von Kirkuk, Sulaimaniyya und Erbil riesige Bauruinen in den Himmel.

Der Wohlstand, den Barzani der Bevölkerung der Region versprochen hat, ist ausgeblieben. Große Teile der Bevölkerung schuften für schlechte Löhne, Konkurrenz bekommen sie von noch billigeren Arbeitskräften, die aus Ostasien nach Kurdistan migrieren, Bauarbeiter aus Bangladesch, Putzkräfte aus Pakistan und Prostituierte aus China. Und zunehmend macht sich Unzufriedenheit mit den gesellschaftlichen Zuständen breit, die Neuwahlen werden seit mehreren Jahren immer wieder verschoben, Barzani klammert sich an seine Macht. Was aber nichts daran ändert, dass Barzani in Teilen der Bevölkerung weiterhin ein hohes Ansehen genießt, weil er es schafft, sich als Frontmann der kurdischen Unabhängigkeitsbewegung in Szene zu setzen. Im September 2017 ließ er die Bevölkerung der Autonomieregion über die Unabhängigkeit vom Irak abstimmen. Wie erwartet stimmten mehr als 90 Prozent der Wähler*innen dafür.

Das Unabhängigkeitsreferendum sollte ein entscheidender Schritt hin zu einem unabhängigen kurdischen Staat im Nordirak werden – das zumindest versprach die PDK den Wähler*innen und auch die PUK stand geschlossen hinter dem Referendum. Doch unter dem starken Druck aus Ankara und Teheran musste Barzani zurückrudern. Nicht nur der iranische und türkische Staat, sondern auch die irakische Zentralregierung drohten recht unverhohlen mit einem Einmarsch in die Autonomieregion. Die Spannungen zwischen der Autonomieregion auf der einen und dem iranischen und türkischen Imperialismus auf der anderen Seite, haben seither nicht nachgelassen. Ein Erfolg war das Referendum aus Barzanis Sicht wohl trotzdem, hat es doch die kriselnde Region wieder ein Stück weit zusammengeschweißt.

Die kurdische Linke rund um die PKK ist in der Frage, wie man mit den staatlichen Unabhängigkeitsbestrebungen der Autonomieregion umgehen soll, in einer Zwickmühle. Denn den Nationalstaat, auch einen kurdischen, lehnt man im Prinzip ab. Während dem Referendum gab es aber auch aus der PKK immer wieder verhaltene Stimmen, die zur Befürwortung der Unabhängigkeit aufriefen. Geschuldet ist das wohl dem Umstand, dass Barzani die PKK immer wieder als eine der Kräfte darstellt, die ein unabhängiges Kurdistan verhindern wollen. Mit einer offenen Ablehnung oder einem Schweigen zu den von Barzani initiierten Wahlen, hätte die PKK diesen Vorbehalt wohl noch bestärkt.

In Machmur steht man Barzanis PDK und ihren Unabhängigkeitsplänen eher ablehnend gegenüber. Während in den meisten Städten nach dem Ja-Sieg beim Referendum Freudenschüsse zu hören waren und die Menschen auf den Straßen mit Autokorsos feierten, blieb es in Machmur auffällig ruhig. Nur aus dem anderen Machmur, aus der Nachbarstadt, waren Gewehrsalven und Jubelrufe zu hören. „Auch ein eigener kurdischer Staat löst die Probleme nicht", erklärt Dîlovan (Name geändert), eine junge Aktivistin, die in den autonomen Frauenstrukturen der Flüchtlingsstadt aktiv ist. „Die Probleme in der Region sind nicht zuletzt auch durch Staatlichkeit entstanden," sagt Dîlovan, „denn der Staat, die Idee einer einheitlichen Nation, wird der Vielfältigkeit der Gegend hier nicht gerecht".

Dîlovan sitzt auch im Gesamtrat von Machmur, der aus derzeit rund 90 Mitgliedern besteht. Die Mitglieder stammen zu einem Teil aus den Stadtteilräten, zum anderen Teil aus den Komitees, welche die verschiedenen Lebensbereiche abdecken. Es gibt ein Sozialkomitee, in dem die

Arbeiter*innen, Ladenbesitzer*innen und Hirt*innen organisiert sind. Auch für die Bildung in den sieben Schulen des Ortes, für Presse, Kunst und Kultur gibt es eigene Komitees. Und auch um die Sicherheit kümmern sich die Menschen in Machmur kollektiv, eine Polizei gibt es in dem Ort nicht. Alle Erwachsenen, die sich dazu in der Lage fühlen, teilen sich regelmäßig in Schichten ein, um im Ort nachts nach dem Rechten zu sehen.

Genau wie in den politischen Strukturen wird in Machmur auch im wirtschaftlichen Bereich versucht, neue Wege zu gehen. Das Ökonomiekomitee der Stadt ist gerade dabei, leerstehende Geschäfte und Garagen zu einer Supermarktkooperative umzubauen, bei der es nicht um private Profite gehen soll, sondern um die möglichst günstige Versorgung der Bevölkerung. Nur Zigaretten gibt es dort keine zu kaufen, die seien schließlich ungesund, wie ein Mitglied der Kooperative mit einem Grinsen erklärt. Die Geschichte sozialistischer Experimente zeigt freilich, dass ein Herumschrauben an der Distributionssphäre, also ein Ansetzen an Fragen der Verteilung, an der Diktatur des Kapitals und der kapitalistischen Verwertungslogik an sich nur bedingt etwas ändern kann, das heißt, dass der Aufbau einer Supermarktkooperative noch nicht bedeutet, dass Ausbeutung und Kapitalismus auf einmal verschwunden wären. Doch die Distributionssphäre ist vermutlich auch der beste Ort, um zu beginnen.

Der Aufbau von Selbstverwaltungsstrukturen findet auch in Machmur unter keinen einfachen Bedingungen statt. Die Menschen sind auch für kurdisch-irakische Verhältnisse relativ arm. Einige Männer schuften im Umland der Stadt in Fabriken oder in der Gastronomie, um immer wieder etwas Geld in die Stadt zu bringen. Geld, das gebraucht wird, weil man in der radikaldemokratischen Enklave darauf angewiesen ist, einen Teil der Lebensmittel, Medikamente und andere Dinge außerhalb der Stadt einzukaufen. Relative Isolation von der prokapitalistischen Außenwelt bei gleichzeitiger Abhängigkeit von dieser – ein Widerspruch vor dem früher oder später jeder sozialistische Aufbruch steht und der in Rojava in größerem Ausmaß ebenso für Probleme sorgt.

Ein bisschen Abseits der einzigen größeren Straße Machmurs arbeiten Künstler*innen in einem gemeinschaftlichen Atelier. Einer der Maler ist Ali Bilen, der seine Werke auch gerne Menschen zeigt, die einige Tage oder Wochen in der Stadt verweilen. Seine Bilder strahlen einen großen Schmerz aus, und eine unerschütterliche Schönheit zugleich. Die Ästhetik der Berge Kurdistans, der Menschen und ihrer Kämpfe. Hinter den

Blechtüren des Ateliers wird es ruhig, kein Autolärm, doch auch hier herrscht Krieg: Auf den Bildern sind brennende Barrikaden zu sehen, Soldaten die foltern, ein Werk zeigt die Stadt Kobanê, die Anfang 2015 von kurdischen Einheiten vom IS befreit wurde. Frei, aber zerbombt, Menschen, die sich in den Ruinen ein neues Leben aufbauen. Und immer wieder sind auf den Bildern Motive aus Türkisch-Kurdistan zu sehen, viele Berge, viel Schmerz. Auch Ali Bilens Familie ist in den Neunzigerjahren nach Machmur gekommen, auch sie flohen vor den türkischen Bombern und Soldaten.

Letztendlich wollen so ziemlich alle Menschen aus Machmur zurück in ihre Heimat, in die Täler und Berge Nordkurdistans. Doch sie wissen auch, dass sie dort dem Abschuss durch das AKP-Regime freigegeben sind. Deshalb bleiben sie in Machmur – oder gehen in den Widerstand. In der Gedenkstätte der kleinen Stadt, zeugen hunderte eingerahmte Fotos von den vielen Gefallenen aus den Reihen der PKK und der ihr nahestehenden Kräfte in Ost- und Westkurdistan. Viele von den Gefallenen stammen selbst aus Machmur. Unter vielen Fotos stehen auch die Kürzel YPG und YPJ, der Volks- und Frauenverteidigungseinheiten des selbstverwalteten Rojavas. Als die Stadt Kobanê im Februar 2015 von diesen Einheiten befreit wird, feiern die Menschen auch in den Straßen von Machmur. Sie hoffe, sagt Dîlovan, dass Rojava nur der Anfang sei.

Die Kämpferinnen der kurdisch-arabischen Frauenverteidigungseinheiten YPJ haben es, spätestens seit der Schlacht um Kobanê, weltweit auf die Cover von Hochglanzmagazinen geschafft. Frauen mit Gewehren, und das auch noch im Nahen Osten, das irritiert schon deshalb, weil es den festgefahrenen Bildern über den Nahen Osten widerspricht. Dabei geht es um mehr: Der Aufstand der Frauen in Kurdistan wendet sich nicht nur gegen den IS, sondern gegen ein Jahrtausende altes System männlicher Dominanz und Unterdrückung. (Foto: Anselm Schindler)

3

Die Rache Liliths

Am Morgen des 5. Juni 2016 sturmen schwer bewaffnete Polizeieinheiten und Geheimdienstmitarbeiter der kurdisch-nordirakischen Barzani-Regierung die Räume des Kurdischen Fraueninformationszentrums (Kurdish Women's Relations Office – REPAK) in Erbil. Sie nehmen den dort arbeitenden Frauen ihre Ausweispapiere und Mobiltelefone ab, die Beamten bringen die Aktivistinnen aus der Stadt und setzen sie dort aus – mit der Ansage, dass sie nicht nach Erbil zurückkehren dürfen. „Offizielle Stellen haben weder eine Stellungnahme noch eine Begründung abgegeben", erklärt die Vorsitzende des Fraueninformationszentrums, Meral Cicek zu dem Vorfall. „Wir können Erbil, die Stadt, in der wir leben und arbeiten, immer noch nicht betreten. Gleichzeitig sind unser Inventar und unsere persönlichen Sachen immer noch beschlagnahmt – wieder ohne Gerichtsbeschluss oder offizielle Anweisung."

Das Ziel von REPAK ist es, die Zusammenarbeit zwischen den verschiedenen kurdischen Frauenorganisationen zu stärken. Die NGO arbeitet auch international mit diversen Frauen- und Menschenrechtsorganisationen zusammen. Gerade durch die Angriffe des sogenannten Islamischen Staates und die Brutalität, mit der die Klerikalfaschisten gegen die Frauen in der Region vorgehen, wurde REPAK auch international bekannt. Man werde sich der männlichen Mentalität des Staates nicht geschlagen geben und künftig noch härter arbeiten, erklären Vertreterinnen nach der Razzia.

Die Frauenbewegung ist in der kurdischen Autonomieregion des Nordirak schwerer Repression ausgesetzt, der Angriff auf REPAK ist da nur eines von vielen Beispielen. Doch die Frauen kämpfen weiter. Gegen ein Gesellschaftssystem das in Kurdistan, wie in allen anderen Teilen der Welt, auf männlicher Dominanz und der systematischen Abwertung, Benachteiligung oder gleich offener Unterdrückung von Frauen aufbaut.

Es ist ein Kampf, der auf allen Ebenen geführt wird. Mit Frauenhäusern versucht die Bewegung Frauen eine Alternative zu den oft stark patriarchal geprägten, engen Familienverhältnissen zu bieten. Die Frauenhäuser sind dabei mehr als ein Zufluchtsort. Hier sollen Frauen ein anderes Leben aufbauen. Eine große Rolle spielt dabei die ökonomische

Unabhängigkeit von den Männern, oftmals sind Frauenkooperativen teil der Projekte. Und auch auf politisch-parlamentarischer Ebene führt die Frauenbewegung einen zähen Kampf. Das Parlament der Autonomieregion hat in den vergangenen Jahren zwar immer wieder Gesetze beschlossen, die die Lage der Frauen verbessern sollen, doch sie werden kaum durchgesetzt. Das gilt beispielsweise für sogenannte Ehrenmorde. Das kurdische Parlament der Autonomieregion hat zwar bereits vor einigen Jahren ein Gesetz erlassen, wonach „Ehrenmorde" künftig als Mord geahndet werden, Frauenrechtsorganisationen kritisieren aber, dass Täter oft nicht verurteilt würden, und in vielen Fällen kommt es erst gar nicht zu einer Anzeige.

Auch für Vergewaltigungen drohen hohe Freiheitsstrafen, hier gilt nach wie vor irakisches Gesetz. Jedoch ist den Paragraphen 423 und 398, welche die Strafhöhe für Vergewaltigungen regeln, ein Zusatz angefügt: „Der Täter bleibt straffrei, wenn die vergewaltigte Frau einer Heirat zustimmt." Diese perfide Regelung führt in der Praxis nicht selten dazu, dass Frauen dazu gezwungen sind, mit ihren Peinigern eine Ehe einzugehen. Auch Genitalverstümmelung von Frauen, das mit Bezug auf Traditionen und Islam begründete Abschneiden von Klitoris und Schamlippen, ist in Teilen Südkurdistans noch gebräuchlich, auch wenn Frauenrechtsorganisationen diese brutale Praxis durch Aufklärungskampagnen Stück für Stück zurückdrängen.

Diese Zustände sind allerdings nur die Spitze des Eisberges. Frauen werden in der Autonomieregion, wie auch in anderen Teilen Kurdistans, strukturell stark benachteiligt und unterdrückt. Im Erbrecht steht Töchtern nur die Hälfte dessen zu, was Söhne bekommen. Nicht nur der Staat, auch die Rolle der Religion trägt ihren Teil zur Unterdrückung von Frauen bei. Während Männer Nicht-Musliminnen heiraten dürfen, solange sie sich zu einer der Buchreligionen, Judentum oder Christentum bekennen, dürfen muslimische Frauen nur muslimische Männer heiraten.

So viele Beispiele es für die Unterdrückung der Frauen in den kurdischen Gebieten Westasiens gibt, so viele gibt es auch für ihren Kampf. Verbunden ist er, seit die Menschen in Rojava das Assad-Regime verdrängten, mit einem Kürzel: YPJ. Die *Yekîneyên Parastina Jin*, die Frauenverteidigungseinheiten, stellen rund 40 Prozent der Mitglieder in den Volksverteidigungseinheiten YPG, so viel wie in kaum einer anderen militärischen Einheit. Bei der Bundeswehr, um nur ein Beispiel zu nennen, liegt der Frauenanteil bei rund zwölf Prozent.

Die YPJ kämpft in Nordsyrien oft an vorderster Front. Gerade Djihadisten hätten vor den Frauen besonders große Angst, geht es nach IS-Ideologie, landen Kämpfer, die von einer Frau getötet werden, nicht im Paradies. Die Frauen von Rojava haben einen maßgeblichen Anteil an der Befreiung des Gebietes von Deash geleistet, die Fotos von YPJ-Frauen mit Kalaschnikows und Panzerfäusten gingen, als Kobanê befreit wurde, um die Welt. Dabei beginnt der politische und militärische Kampf der Frauen Kurdistans viel früher. Seit die PKK gegründet wurde, kämpfen und arbeiteten sowohl im militärischen als auch im zivilen Bereich Frauen in der Freiheitsbewegung Kurdistans.

1995 beschloss die Partei, autonome Frauenstrukturen aufzubauen. Am 8. März, dem internationalen Frauenkampftag des Jahres 1995, fand der erste offizielle Kongress der PKK-Frauen statt. Dort wurde eine 23-köpfige Exekutive gewählt. Die Frauen beschlossen, eigene Strukturen aufzubauen und einen eigenen Kampfverband aufzustellen, den Verband freier Frauen Kurdistans (*Yeketiya Azadiya Jinên Kurdistan* – YAJK).

Mit dem Paradigmenwechsel der PKK bekommt die Frauenbefreiung einen höheren Stellenwert in der Ideologie der linken kurdischen Bewegung. In dem Buch *Die Revolution ist weiblich*, stellt Abdullah Öcalan den Feminismus an allererste Stelle. Er schreibt, dass er die Frauenbefreiung, „im Gegensatz zu den Erfahrungen im Realsozialismus und bei nationalen Befreiungskämpfen", für bedeutender halte, als den Klassenkampf oder die nationale Befreiung. Es mutet merkwürdig an, dass auch die feministische Theoriebildung der Bewegung von Öcalan, also einem Mann, angeführt wird und nicht etwa von einer Frau. Öcalan ist sich dieses Wiederspruches offenbar bewusst, wenn er sich selbst nicht etwa als Anführer, sondern als „Arbeiter" für die Frauenbewegung bezeichnet.

Auch die Analyse der gesellschaftlichen Rolle der Frau beginnt bei Öcalan in der Jungsteinzeit und setzt sich in der Zerlegung der Mythen, Epen und Märchen der ersten Zivilisationen fort. Diese sind, wenn dabei auch ein sehr großer Interpretationsspielraum möglich ist, der Spiegel der gesellschaftlichen Verhältnisse früherer Zeiten – oft einige der wenigen Überbleibsel die uns für eine Analyse bleiben. Öcalan bezieht sich bei seiner Geschichtsanalyse an vielen Stellen auch auf eine der ältesten überlieferten schriftlich fixierten Dichtungen. Den Gilgamesch-Epos der Sumerer, in Keilschrift in Steintafeln gehauen.

Die Frauenbilder von Lilith bei den Sumerern und Eva im Alten Testament repräsentieren nach Öcalan die Geschichte der Machtergreifung des Mannes. Während Lilith noch die „unbeugsame Frau" repräsentiere, sei Eva „die Frau, die kapituliert hat". Die biblische Metapher, sie sei aus der Rippe des Mannes geschaffen worden, sei ein Maß für die Abhängigkeit, in die die Frau in den dazwischenliegenden Jahrtausenden gebracht wurde. Die Bezeichnungen von Lilith als „aufrührerische, verfluchte Hexe, Freundin des Satans und ähnliche Verwünschungen", belegten die Verwünschungen der aufstrebenden Patriarchen gegenüber starken Frauen. Hier spiegele sich, so Öcalan, der Kampf zwischen matrizentrischer Klankultur und Patriarchat.

Die kleinste Zelle des Patriarchats ist, wie der PKK-Mitbegründer an vielen Stellen betont, die Familie. Sie ist der „kleine Staat des Mannes". Die Bedeutung der Familie während der gesamten Zivilisationsgeschichte liege in der Stärke, die sie den Herrschenden und dem Staatsapparat verleihe: „Die Ausrichtung der Familie auf die männliche Herrschaft und ihre dadurch erreichte Funktion als Keimzelle der etatistischen Gesellschaft garantieren, dass die Frau unbegrenzt nicht entlohnte Arbeit verrichtet. Gleichzeitig zieht sie Kinder groß, befriedigt den staatlichen Bedarf an ausreichend Population und sorgt als Vorbild für die Ausbreitung der Sklaverei in die gesamte Gesellschaft."

Um mit den patriarchalen Familienstrukturen zu brechen, hat man sich in der PKK für ein Leben ohne Familie entschieden. In der Partei, wie auch ihren Tochterorganisationen, sind weder Beziehungen noch Kinder erlaubt. Auch werden in verschiedenen gesellschaftlichen Bereichen Frauen und Männer getrennt. Die Zwanghaftigkeit dieser Praxis lässt sich kaum ausblenden, doch nur durch die strikte Trennung sei es möglich, so wird diese Handhabung in der PKK erklärt, dass Frauen ohne den Einfluss von männlicher Dominanz, eigene Strukturen und eigenen Stärke aufbauen können.

„Sich von der Rolle des herrschenden Mannes zu verabschieden", heißt es in *Die Revolution ist weiblich*, lasse den Mann „wie einen Herrscher fühlen, der seinen Staat verloren hat. Deshalb müssen wir ihm zeigen, dass es gerade diese hohle Herrschaftsform ist, die ihm selber die Freiheit raubt und ihn zum Reaktionär macht." In der PKK und den ihr Untergeordneten Verbänden und Parteien wird versucht, die Männer in der Bewegung zu einem kritischen und reflektierten Umgang mit ihrer Männlichkeit zu bringen – dazu gibt es von Frauen angeführte Bildungseinheiten.

Doch auch in der PKK war es ein zäher und langer Kampf, den die Frauen gegen die männliche Dominanz schlagen mussten. Zu Beginn seien sie von den Männern oft nicht ernst genommen worden, berichten ältere Kämpferinnen, gerade wenn es ums Militärische ging. Doch die Frauen hätten gezeigt, dass sie kämpfen können. Eine von ihnen ist unter dem Kampfnamen Beritan bekannt, ihr früherer Name war Gülnaz Karataş. Sie hatte sich 1990 der PKK angeschlossen. Als sie bei Gefechten zwischen der PKK und den Peshmerga angeschossen und umzingelt wurde, sprang sie von einem Felsen, um einer Verhaftung zu entgehen. Nicht wenige Frauen, die sich heute der PKK anschließen, wählen als Decknamen ihren Namen.

Kurz nach der Befreiung von Kobanê ist das Lachen zurück in die Stadt ge-
kehrt. Die Trümmerwüste ist kein Ort für Kinder, doch sie sind trotzdem
da, als ob sie zeigen wollten, dass es nach der Schreckensherrschaft des IS
eine neue Zukunft geben wird. Und die neue Zukunft ist Realität geworden,
ausgehend von Kobanê zeigen die Menschen in Rojoava und Nordsyrien,
dass es möglich ist, Schritte hin zu einem Leben ohne Unterdrückung und
Ausbeutung zu gehen. (Foto: Anselm Schindler)

4

Es beginnt in Kobanê

Die ersten hundert Meter sprintet die kleine Gruppe von Aktivisten noch, dann, als der Grenzzaun zwischen den Rapsbüschen aus dem Sichtfeld verschwindet, werden die Schritte langsamer. Rojava, da, wo die Revolution ist, endlich da. Projektionen europäischer Linker? Oder Realität? Im Frühjahr 2015, in den Monaten nachdem mehrheitlich kurdische Einheiten die Stadt Kobanê von der IS-Besatzung befreit haben, ist es noch möglich illegal über die türkisch-syrische Grenze nach Kobanê zu kommen, dass auf syrischer Seite gleich hinter der Grenze liegt. In der Zwischenzeit hat der türkische Staat dort eine Grenzmauer errichtet. Tausende Tonnen Stahlbeton und Stacheldraht trennen Familien, reißen die Bevölkerung der Region auseinander.

In den Monaten nach der Befreiung Kobanês durch die kurdisch-arabischen Volks- und Frauenverteidigungseinheiten YPG und YPJ gibt es noch Schleichwege über die Grenze. Sie werden rege genutzt, im Mondschein passieren fast jede Nacht Menschen die Grenze, die in Rojava kämpfen wollen oder den radikaldemokratischen Aufbruch zivil unterstützen. Die Stadt Kobanê wird im Februar 2015 zu einem Symbol für den siegreichen Kampf gegen Daesh, den sogenannten Islamischen Staat, gegen die Brutalität des Klerikalfaschismus. Hier, im Norden des zerfallenen ehemaligen syrischen Staates, besser bekannt unter der kurdischen Gebietsbezeichnung Rojava, entsteht mit der Zurückdrängung jihadistischer Kräfte und des syrischen Regimes, das wohl bedeutendste radikaldemokratische Experiment der Gegenwart.

Die Bevölkerung Rojavas steht symbolisch dafür, dass im Pulverfass des Nahen Ostens eine Gesellschaft jenseits von postkolonialen Abhängigkeitsverhältnissen, religiösem Fanatismus und staatlichen Despotismus möglich ist. Es ist vor allem die Begeisterung über diese Tatsache, die Menschen aus aller Welt nach der Befreiung Kobanês in die Stadt führt. Im Grenzstreifen geht es durch einen Tunnel unter Gleisen hindurch, es ist dunkel, die Gruppe tastet sich vor, einige kommen durch die großen Kiesel am Boden ins Stolpern. Keine Taschenlampen, kein Licht. Die Gleise haben einst von der türkischen Stadt Konya bis ins irakische Bagdad geführt. Finanziert wurde die Bahn von der Deutschen Bank, das

Deutsche Kaiserreich wollte durch das Projekt seinen wirtschaftlichen und politischen Einfluss im Nahen Osten ausbauen und übernahm die Bauleitung.

Wo heute die Grenzanlage steht, befehlen Anfang des 19. Jahrhunderts deutsche Ingenieure und türkische Soldaten die Bauarbeiten. Einige Meter hoch türmen die zerlumpten armenischen und kurdischen Arbeitskräfte Tonnen von Steinen und Erde, das Fundament für die Gleise. Dort, wo heute Kobanê ist, errichten die deutschen Ingenieure im Jahr 1912 einen kleinen Bahnhof, eine Arbeitersiedlung und eine Kompanie. Aus dem Mund der kurdischen Arbeiter klingt das „Kompanie" bald nach „Kobani" oder „Kobanê". Das zumindest ist eine verbreitete Annahme über die Herkunft des Namens. Als 1915, während des Ersten Weltkriegs, der systematische Massenmord und die Ausrottung großer Teile der armenischen Bevölkerung begann, schufteten an den Gleisen auch mehrere tausend armenische Zwangsarbeiter unter deutschem Kommando. Irgendwann wurden sie abgeholt und deportiert, unter den Augen der deutschen Ingenieure. Ihre Rolle beim Völkermord an den Armeniern ist bis heute nicht aufgearbeitet. Nach der Zerschlagung des Osmanischen Reiches ziehen englische und französische Strategen entlang der Gleise die Grenzlinie zwischen Syrien und der Türkei. Sie durchtrennt bis heute die kurdischen Gebiete, die sich südlich und nördlich der Gleise erstrecken.

Hinter dem Bahn-Tunnel tauchen zwischen den Raps-Büschen die Umrisse einiger Gestalten mit Gewehren auf, es sind Kämpferinnen der Frauen-Verteidigungseinheiten YPJ. Über eine holprige Piste geht es nun in alten Geländewagen runter in die Stadt. Das Straßenbild Kobanês prägen in den Wochen und Monaten nach der Befreiung der Stadt Schuttberge und ausgebrannte Karossen, teils liegen sie auf dem Dach, zerquetscht wie von riesigen Hämmern. Die wenigen Autos, die Lebensmittel, Benzin und Kämpfer*innen durch die Stadt transportieren, schlängeln sich zwischen knietiefen Kratern hindurch. Auf den größeren Straßen blockieren auch zerstörte Panzer des Islamischen Staates den Weg. Sie wirken wie erstarrt, als hätte man den Krieg plötzlich angehalten.

Allen Umständen trotzend, haben sich im Frühjahr 2015, bereits in den ersten Wochen und Monaten nach der Befreiung, mehrere zehntausend Menschen zwischen den Trümmern Kobanês eingerichtet. Zumeist ohne Strom und fließendes Wasser. Abends, wenn die Sonne untergeht, erhellen Lagerfeuer die verwüsteten Straßenzüge. Im flackernden Licht der Flammen sieht man die schemenhaften Silhouetten von Menschen, die sich um wärmende Feuer scharen. Mit den Familien sind auch viele Kinder aus den Flüchtlingscamps zurück in die Stadt gekommen. Sie spielen im Schutt, unter dem immer noch viele Sprengkörper liegen. Viele der Kinder sind traumatisiert, doch immer wieder durchdringt Lachen die Trostlosigkeit. Leben und Tod liegen nah beieinander in dieser Stadt.

Mit bloßen Händen und wenigen einfachen Werkzeugen, versuchen die Bewohner*innen von Kobanê in den Monaten nach der Befreiung, ihre Stadt von Trümmern und Schutt zu befreien. Schweres Gerät ist Mangelware, der türkische Staat verhängt immer wieder Embargos. Und auch zweieinhalb Jahre später liegen immer noch Trümmer in der Stadt, im Ostteil Kobanês wurden viele Häuser nicht wiederaufgebaut, dort wird eine Art Freiluftmuseum errichtet, das die Geschichte des Krieges konservieren soll. Es ist so etwas wie ein riesiges begehbares Mahnmal. In vielen anderen Teilen der Stadt hat der Wiederaufbau heute große Fortschritte gemacht, wo monatelang nur zerbombte Ruinen und Krater den Wegrand säumten, entstehen heute mehrstöckige Wohnhäuser.

Kobanê ist eine Stadt des Widerstandes, Kobanê war eine der ersten Städte, in denen 2012 die radikaldemokratische Revolution begann. Assads Regime, durch den Bürger*innenkrieg in weiten Teilen Syriens geschwächt, kapitulierte und überließ den Bewohner*innen und Volksräten von Kobanê und anderen Gebieten Rojavas die Straßen. Unter Federführung der Partei der Demokratischen Einheit (*Partiya Yekitîya Demokrat – PYD*), der syrischen Schwesterpartei der PKK, wurde die demokratische Selbstverwaltung ausgerufen und der Dachverband Tev-Dem (*Tevgera Civaka Demokratîk*), Bewegung für eine demokratische Gesellschaft, aufgebaut, welcher alle demokratischen Kräfte Rojavas zusammenfasst. Alle fortschrittlichen zivilgesellschaftlichen Organisationen entsenden Vertreter*innen in den Verband – von Frauenorganisationen bis hin zu Umweltverbänden und Jugendstrukturen.

Das System, das seit Beginn der Revolution 2012 aufgebaut wird, fußt in den Stadtteilen und Dörfern. In den Kommunen, einem Zusammenschluss von – je nach Stadt – 30 bis 150 Haushalten, werden die Probleme und Wünsche der Menschen diskutiert. Auf kommunaler Ebene werden auch Belange wie Strom- und Lebensmittelversorgung, aber auch gesellschaftliche Probleme, wie patriarchale Gewalt oder Familienstreitereien, gelöst. Alle ein bis zwei Monate treffen sich die Menschen einer Kommune, um aktuelle Themen und Aufgaben zu besprechen. Doch weil nicht alle Probleme auf kommunaler Ebene gelöst werden können, wählen die Kommunenmitglieder eine Doppelspitze, eine Frau und einen Mann. Die Doppelspitze vertritt die Interessen und Wünsche der Kommune auf der nächsthöheren Ebene, dem Stadtteil- oder dem Dorfgemeinschaftsrat, der sich aus mehreren Dörfern zusammensetzt.

Doch die Wahl der Kommunenvertreter*innen bedeutet keinesfalls, wie etwa im Parlamentarismus, dass die gewählten Menschen über die Gesellschaft bestimmen. Die Doppelspitze fungiert als Sprachrohr der Kommune, sie kann jederzeit abgewählt werden, ihre Amtszeit dauert höchstens zwei Jahre. So soll verhindert werden, dass sich erneut Machtpositionen herausbilden. Aus der Ebene der Stadtteil- und Dorfgemeinschaftsräte heraus werden wiederum Delegierte für den Gebietsrat gewählt. Auf lokaler und regionaler Ebene wurde zuletzt im September und Dezember 2017 gewählt. Auf allen Ebenen des Rätesystems, von den Kommunen bis hin zu den Gebietsräten, gibt es Kommissionen, die für die Umsetzung der Entscheidungen der Räte zuständig sind. Im Regelfall sind es acht Kommissionen, welche sich mit verschiedenen Lebensbereichen befassen, von der Wirtschaft über Ökologie bis hin zu Bildung und Sicherheit.

Ende 2018 stehen Wahlen für den Volkskongress der Demokratischen Föderation Nordsyrien an. Der Volkskongress soll 300 Mitglieder haben, sie sollen die verschiedenen Identitäten und Regionen Rojavas repräsentieren und werden aus den lokalen und regionalen Ebenen des Rätesystems in den Volkskongress entsandt. Der Kongress soll, wenn er einmal steht, keinen Einfluss auf regionale Prozesse haben, sondern die Föderation Nordsyrien nach außen hin vertreten. Die Gründung des Gremiums, so hoffen die Menschen in der Föderation, ermöglicht künftig eine bessere Einbindung in die Verhandlungen um Syrien. Der Kongress soll ein jahrelanges Provisorium ablösen, den Konstitutiven Exekutivrat Nordsyriens, der während dem Ausbruch der Revolution und dem beginnenden Krieg gegen islamistische Gruppen gegründet wurde. In den letzten Jahren existierte er parallel zum horizontalen Rätesystem Rojavas und Kritiker*innen monieren, dass er von der PYD dominiert ist. Ohne Zweifel hat die PYD beim Aufbau des Rätesystems und von Tev-Dem eine wichtige Rolle gespielt.

„Wir wollen Anerkennung für unser System", sagt Hediye Yusuf, Ko-Präsidentin des 31-köpfigen Konstitutiven Exekutivrats. „Wir wollen auf Augenhöhe über die Zukunft Syriens und des Nahen Ostens verhandeln.

Die Gründung des Demokratischen Volkskongresses ist ein notwendiger Schritt in diese Richtung." Hediye Yusuf hat auch am Wahlgesetz mitgewirkt. Es sieht vor, dass Minderheiten in den Räten entsprechend vertreten sind. Für Geschlechter, ethnische Gruppen und religiöse Minderheiten gibt es feste Quoten. „Syrien war lange ein System einer Partei, einer Stimme, einer Sprache", sagt Yusuf. „Zumindest im Norden ist das jetzt Geschichte."

Im Windschatten des eskalierenden syrischen Krieges wurden ab 2012 neben dem Kanton Kobanê noch zwei weitere Kantone ausgerufen: Afrîn, der kleinste Kanton der sich im Nordwesten Rojavas an die türkische Grenze anschmiegt, und Cizîrê, der größte und am weitesten im Osten gelegene Kanton. Bis zum Frühjahr 2015 waren die Gebiete voneinander getrennt, denn YPG und YPJ standen an den Fronten aller Kantone den Einheiten des IS gegenüber. Dann gelingt den Volks- und Frauenverteidigungseinheiten der Durchbruch. Von Kobanê und Cizîrê aus drängen die Volks- und Frauenverteidigungseinheiten den sogenannten Islamischen Staat, über Monate hinweg, immer weiter zurück. Unterstützt von arabischen und assyrisch-aramäischen Kampfverbänden sowie von US-Luftschlägen, kommt es im Juni in der Grenzstadt Gire Spi (Tal Abyad) zur entscheidenden Schlacht.

Entlang der türkisch-syrischen Grenze, vereinigen sich die von Westen und Osten vorstoßenden Truppen und machen damit auch einen der letzten Grenzübergänge für die Islamisten dicht. Die türkische Regierung tobt, allerdings sind ihr zu diesem Zeitpunkt, nicht zuletzt auch wegen der US-Unterstützung für die YPG, die Hände gebunden. Mit dem Verlust von Gire Spi beginnt der Absturz des Islamischen Staates. In den beiden Folgejahren wird er den Großteil seines Gebietes verlieren, die Demokratischen Kräfte Syriens (kurdisch: *Hêzên Sûriya Demokratîk*; englisch: *Syrian Democratic Forces* – SDF) stehen bereits rund ein Jahr später vor Raqqa, der rund 150 Kilometer südlich von Gire Spi gelegenen ehemaligen „Hauptstadt" des Terrorkalifats. Sie wird im Herbst 2017 endgültig befreit, nur wenige Monate nachdem der IS auch seine irakische Hochburg Mossul verloren hat.

Mit dem Vormarsch Richtung Süden und der Einnahme von Raqqa und der südöstlich davon gelegenen Großstadt Deir ez-Zor, rücken die YPG/YPJ und ihre Verbündeten, die inzwischen gemeinsam unter dem Banner der SDF kämpfen, immer weiter in den Süden Syriens vor und damit in mehrheitlich arabisches Gebiet. Dort stoßen sie oft auch auf

Missgunst, Vorurteile oder Ängste. Die ethnischen Spannungen zwischen Kurd*innen und Araber*innen sind auch Ergebnis der Politik der Assads. Hafiz Al Assad, der Vater des jetzigen Herrschers von Damaskus, beschließt 1965 den Aufbau des sogenannten arabischen Gürtels: In einem 15 Kilometer breiten Gebiet, entlang der syrisch-türkischen Grenze, werden arabische Familien angesiedelt, sie stammten aus den Regionen Raqqa und Aleppo. Im Gegenzug vertreibt Assad kurdische Familien aus der Region, viele Kurd*innen werden zu Ausländer*innen erklärt und verlieren ihren Status als syrische Staatsbürger*innen. Dadurch soll die Bevölkerungszusammensetzung in Rojava für immer verändert werden, durch die Umsiedlung will Assad die kurdischen Gebiete im Norden arabisieren. Nicht zuletzt benennt er dazu die kurdischen Ortsnamen um, Kobanê beispielsweise wird in Ain al-Arab, Quelle der Araber, umbenannt.

Mit der Vertreibung kurdischer Familien gehen große Teile des Landbesitzes an arabische Großgrundbesitzer über, parallel zu einer kurdischen Kompradorenklasse, welche die halbkolonial unterdrückten kurdischen Gebiete für die Herrschenden in Damaskus verwaltet, entwickelt sich eine arabische Klasse von Großgrundbesitzern, die in vielen Provinzen die Gesellschaft dominiert. Die Arabisierungspolitik führt zu einer Verschärfung der bestehenden ethnischen Konflikte und das, um zur aktuellen Situation zu kommen, wirkt bis heute nach. Als der Kanton Cizre von den Selbstverwaltungskräften der Befreiungsbewegung Kurdistans übernommen und das lokale Rätesystem aufgebaut wird, befürchten viele arabische Familien, dass es ihnen genauso ergeht, wie den Kurd*innen unter Assad.

Die Autonomiebewegung ist nicht zuletzt immer wieder mit dem Vorwurf konfrontiert, dass die arabische Bevölkerung in der Föderation Nordsyrien benachteiligt wird. Ob diese Vorwürfe wenigstens in Teilen zutreffen, ist nur schwer zu belegen. Festgehalten werden kann, dass sich in den Friedens- und Konsenskomitees und in den lokalen Räten, welche schon vor der Revolution 2012 in der Illegalität aufgebaut wurden, zu Beginn der Revolution vor allem Kurd*innen beteiligten und turkmenische, arabische und andere Bevölkerungteile dem Projekt skeptisch gegenüberstanden. In den gesellschaftlichen Strukturen wird deshalb großer Wert darauf gelegt eine Benachteiligung aufzuheben. So gibt es in den Gebieten Rojavas, in denen neben Kurd*innen auch oder überwiegend Araber*innen, Turkmen*innen, Suryoye oder andere ethnische Minderheiten leben, für die Ernennung der zu besetzenden Doppelspitzen in den Räten, neben der Quotierung der Geschlechter, auch ethnische Quoten.

Diese Entwicklung spiegelt sich mehr und mehr auch im militärischen Bereich wieder, in den Volks- und Frauenverteidigungungseinheiten YPG/YPJ kämpften und kämpfen auch Tausende Araber*innen. Umso mehr ist das in den Syrian Democratic Forces der Fall, die von den YPG angeführt werden. Die Volksfrontpolitik und die Forcierung der Einheit von kurdischer und arabischer Bevölkerung führt aber manchmal auch dazu, dass Probleme vorerst ausgeklammert werden müssen. Beim Vorrücken Richtung Süden und der Ausweitung des Rätesystems in die arabischen Gebiete, wird auf die Enteignung arabischer Großgrundbesitzer oft verzichtet. Der gemeinsame Kampf gegen den türkischen Staat und seine Islamistengruppen wird über die soziale Gleichheit und den Klassenkampf gestellt. Früher oder später aber müssen diese Probleme behoben werden, sonst wird die Revolution an ihnen scheitern.

Rojava ist in Bewegung. Und was kommen wird ist in vielen Fällen noch unklar. Das betrifft auch die Frage der Wirtschaft. Auch hier muss alles neu organisiert werden, es fehlt an industrieller Produktion und an Fachkräften. Stück für Stück wird das Nötigste neu aufgebaut. Wie kann ein ökonomisches System aufgebaut werden, in dem nicht die Sachzwänge der kapitalistischen Verwertung, sondern die Bedürfnisse der Menschen im Vordergrund stehen? (Foto: Anselm Schindler)

5

Und Klassenkampf?

„Die Flucht vor der Geschichte", schreibt die kommunistische Autorin Bini Adamczak, „führt immer nur im Kreis". Adamczak ist in linken Kreisen nicht zuletzt für ihre schonungslose Kritik des sogenannten Realsozialismus bekannt. Abdullah Öcalan würde ihr vermutlich zustimmen. Er argumentiert, mit Bezug auf den Historiker Immanuel Wallerstein, dass fast alle Versuche mit Kapitalismus und staatlicher Herrschaft zu brechen, in der Vergangenheit nur zu deren weiterer Festigung geführt hätten. Vor allem hänge das, schreibt Öcalan, mit der positivistischen und zu oberflächlichen Analyse der Geschichte zusammen. Den Staat als „zwangsläufige Folge des Fortschritts" zu bezeichnen, sei „ein gefährlicher Irrtum, dem auch der Marxismus verfallen ist". Öcalan betrachtet den Staat nicht etwa als leeres Gefäß, das mit bestimmten Werten aufgefüllt werden könnte. Für ihn ist er der Leviathan, dem Macht und Terror inhärent sind.

Anstatt dem Leviathan den Kopf abzuhacken, dachten nicht wenige linke Theoretiker*innen und Revolutionär*innen der Vergangenheit, könnten sie ihn zähmen. Als die PKK 1978 die weltgeschichtliche Bühne betritt, will sie in althergebrachter marxistisch-leninistischer Manier, den bürgerlichen türkischen Staat stürzen. An seine Stelle soll in den kurdischen Gebieten der Türkei ein sozialistischer, kurdischer Nationalstaat treten. Der Klassenkampf, also der Kampf der Arbeiter*innen gegen die herrschende kapitalistische Ordnung, mit dem Ziel der Errichtung eines sozialistischen Staates, ist in dieser Zeit, neben der Verteidigung der kurdischen Identität und der Frauenbefreiung, der wichtigste Programmpunkt der PKK.

Der Staat sollte auch in den marxistisch-leninistisch geprägten, antikolonialen und nationalen Befreiungsbewegungen immer nur Mittel zum Zweck sein, ein Instrument, das in der sozialistischen Übergangsphase zum Kommunismus, der klassenlosen Gesellschaft, notwendig ist, um die Errungenschaften gegen die ehemals Herrschenden, die Reaktion und die imperialistische Aggression zu verteidigen. Lenin und selbst Stalin vertraten die Ansicht, dass der Staat sich auflösen werde, wenn die Klassenwidersprüche erst einmal aufgehoben seien. So sah das auch die PKK in ihrer Gründungsphase.

Nur geklappt hat es mit der Überwindung des Staatsapparates nie. Das Vorgehen der Staatssozialisten gleiche dem von Architekten, schreibt der libertäre Intellektuelle und Aktivist David Graeber in Bezug auf Öcalan. Ein treffender Vergleich! Linke Revolutionäre entwarfen Theorie- und Gesellschaftsgebäude und befahlen den Menschen, sich darin einzurichten. Regelmäßig aber sind diese Gebäude in sich zusammengefallen und ihre Trümmer begruben ganze Gesellschaften unter sich.

Heute hat die apoistische Bewegung in Rojava und darüber hinaus weite Landstriche erst von der Unterdrückung Assads, dann vom Terror jihadistischer Banden, befreit. Und die Praxis ist eine andere, als die, die in der Entstehungszeit der PKK postuliert wird. Seit die Kader*innen der PKK ab 2005 einen Prozess anstoßen, der unter dem Begriff Paradigmenwechsel bereits jetzt in die Geschichte der Autonomiebewegung eingegangen ist, will man vom Nationalstaat nichts mehr wissen. Mit der Kritik am Staat an sich verwarf die Bewegung auch das Modell staatlicher Planwirtschaft.

Und Rojava? Ist nicht auch die Demokratische Föderation Nordsyrien ein Staat? Viel spricht dafür, viel dagegen. Es gibt keine Wehrpflicht, aber mit den Syrian Democratic Forces eine Armee. Es soll Wahlen für einen Volkskongress geben, der diplomatische Gespräche mit Staaten führen soll. Gleichzeitig gibt es ein horizontales und dezentrales System der Selbstverwaltung. Es gibt einheitliche Schulbücher, doch im Unterricht werden verschiedene Sprachen gesprochen. Die Analyse solcher gesellschaftlicher Phänomene bringt eine Antwort auf die Frage nach dem Staat nicht näher. Vielleicht muss man, um einer Lösung näher zu kommen, mit einer anderen Frage beginnen: Was überhaupt ist der Staat?

Am besten lässt sich das Phänomen des Staates wohl aus seiner Geschichte heraus erklären. In den Jahrtausenden, nachdem die Menschen in Mesopotamien, dem Zweistromland zwischen Euphrat und Tigris, die ersten kleinen Dörfer errichten, entsteht dort, im heutigen Irak, der erste Stadtstaat. Aus der Priesterschaft, die die Herrschaft über die Gesellschaft und ihren geistigen Spiegel, die religiöse Herrschaft, vereinte, entwickelte sich bei den Sumerern, der ersten Hochkultur der Menschheitsgeschichte vor 7.000 Jahren, der Prototyp der Klassenherrschaft. Der erste Stadtstaat, der in der sumerischen Stadt Ur mächtige Tempelanlagen schuf, baute auf der Anhäufung von landwirtschaftlichen Produktionsmitteln, Zentralisierung von Macht und Unterdrückung des weiblichen Geschlechtes auf.

Für Öcalan, und hier scheint der marxistisch-materialistische Ursprung apoistischer Theoriebildung deutlich durch, ist die Machtergreifung durch die Klasse der Sumerischen Priester eng mit der Zentrierung der landwirtschaftlichen Produktionsmittel und Güter verbunden. Denn die Tempelanlagen dienten der Priesterklasse auch als zentraler Verwaltungsort für Produktionsmittel, landwirtschaftliche Erträge und handwerkliche Produkte. Die Ansiedlungen der bäuerlichen Gesellschaft waren rings um die Tempelanlagen errichtet, die Tempel und ihre Eigentümer bilden das frühe Grundgerüst der Zentralisierung von Macht und Staat.

Die indoeuropäische Sprache und Kultur, der Neolithischen Revolution im Fruchtbaren Halbmond entsprungen, erreicht vor 7.000 Jahren, also zu der Zeit, in der in Sumer der Stadtstaat entsteht, die griechischen Inseln. Auf dieser Grundlage schafft auch Europa die Neolithische Revolution. Ackerbau, Viehzucht und moderne Werkzeuge erhalten über Griechenland Einzug nach Europa. Doch mit sich bringen die Pioniere aus dem Südosten im Verlauf der Zeit auch die materielle und ideologische Kultur des sumerischen Stadtstaates. Große Tempelanlagen, Wehrpflicht und Prostitution gehören zu dieser Kultur. Auf dieser Grundlage entsteht an der südöstlichen europäischen Mittelmeerküste der antike griechische Staat, die erste staatliche Zivilisation auf europäischem Boden. Sie wird zum Modell für alles was folgt – bis zu den modernen Nationalstaaten.

Die staatlichen Zivilisationssysteme weisen dabei bis heute eine Parallele auf: Sie basieren auf ökonomischer Ungleichheit, genauer gesagt Klassengegensätzen. So wie die Macht des sumerischen Priesterstaates auf der Kontrolle über die landwirtschaftlichen Produktionsmittel ruhte, so entwickelten sich auch alle folgenden Herrschaftssysteme als Folge der Machtergreifung durch (ökonomisch-gesellschaftliche) Klassen. Die Sklavenhaltergesellschaft der Antike, die feudale Gesellschaft des Mittelalters mir ihren leibeigenen Bauern, den Lehnsherren und dem Adel und die moderne bürgerliche Gesellschaft, in der bis heute einige wenige über die Produktionsmittel, über Fabriken, Fuhrparks, Rechenzentren und Hedgefonds verfügen. Umgekehrt bedeutet das: Ohne dieses ökonomische Machtverhältnis aufzuheben, kann auch die Zentralisierung politischer und gesellschaftlicher Macht nicht überwunden werden.

Aber was hat das jetzt mit Rojava zu tun? Ganz einfach: Auch die Gesellschaft von Nordsyrien ist eine Klassengesellschaft und die Probleme, mit denen die Menschen in Rojava zu kämpfen haben, sind eng mit dieser Tatsache verbunden. Abdullah Öcalan schreibt in *Jenseits von Staat, Macht und Gewalt*: „In jedem Konflikt von Ethnien, Religionen, Konfessionen und Gemeinden über irgendeine Ansicht steckt immer ein klassenkämpferischer Kern". Und weiter: „Wenn wir die Klassen erkennen wollen, müssen wir sie unter vielen Schichten von ideologischen, ethnischen und konfessionellen Verkleidungen suchen. Das Gleiche gilt für ihre Kämpfe."

Von der Arabisierungspolitik der Assads in Nordsyrien, profitierten in den vergangenen Jahrzehnten vor allem arabische Großgrundbesitzer und Kapitalisten, denen kurdische Migrationsströme in die arabischen Metropolen billige Arbeitskräfte an die Werkbänke spülten. Der Klassenkampf um eine Aufhebung der ökonomischen Ausbeutung in der Region verläuft also notwendig auch entlang einer ethnisch-kulturellen Linie, das macht das ganze so kompliziert. Theoretisch stimmt zwar Marx's Satz, wonach die Arbeiter*innen kein Vaterland hätten, in der Praxis aber werden die Klassengegensätze in Nordsyrien von ethnischen und kulturellen Widersprüchen überlagert.

Der Versuch der Aufhebung der Widersprüche gleicht einem Mikadospiel. Die Frage ist, welches Stäbchen man zuerst aushebelt. Wer die Frage nach den Produktionsverhältnissen stellen will, muss erst Antworten auf die ethnisch-kulturellen Spannungen finden. In diesem Dilemma befindet sich die Befreiungsbewegung Kurdistans. Das ist wohl der Grund, warum es in Rojava so oft um Pluralität und die Gleichstellung der Identitäten geht und seltener um ökonomische Gleichheit. Warum viel von Gender, von Syrer*innen, Assyrer*innen, Aramäer*innen, Araber*innen, Turkmen*innen, Kurd*innen, und Sunnit*innen die Rede ist und so wenig von der arbeitenden Klasse.

Auch im Gesellschaftsvertrag von Rojava ist von Klassenkampf und sozialistischer Planung nichts zu lesen. Die Verfassung Rojavas und ihre Umsetzung in Nordsyrien wird von linken Kritiker*innen des Demokratischen Konföderalismus immer wieder herangezogen, um zu belegen, dass es sich bei der Revolution, die 2012 begann und bis heute andauert, um eine national-demokratische, also explizit keine sozialistische Revolution handele. Reduziert man die Analyse der Gesellschaft in Rojava auf die Analyse der Abschnitte des Gesellschaftsvertrages, die sich auf Ökonomie beziehen, dann kann man durchaus zu diesem Schluss kommen. Um sich der gesellschaftlichen Realität in Nordsyrien anzunähern, muss man allerdings analysieren, unter welchen Bedingungen der Klassenkampf in Rojava geführt wird.

Der Gesellschaftsvertrag der selbstverwalteten Gebiete ist keine Hommage an einen kommunistischen Sollzustand, sondern arbeitet mit den realen Gegebenheiten. Die bürgerlich-liberale Stoßrichtung der Verfassung, in welcher das Privateigentum an Produktionsmitteln erlaubt wird, ist vor allem ein Zugeständnis an die schwere Umsetzbarkeit des Klassenkampfes in der Situation der absoluten Bedrohung der Revolution von Außen, und an die Verteidigung gegen dieses Außen.

Es ist aber nicht so, dass die Befreiungsbewegung blind in diese Situation hineingestolpert wäre und angesichts der Schranken, welche die die Möglichkeit des Klassenkampfes einengen, resigniert. Mit der Ablehnung der Enteignung der Produktionsmittel durch einen sozialistischen Staat, leistet die Ideologie der PKK keineswegs der Expansion der kapitalistischen Produktionsweise Vorschub. Wenn man die theoretischen Texte der Autonomiebewegung Kurdistans und ihre Umsetzung in Rojava analysiert, dann wird klar, dass dem Selbstverwaltungsmodell der Befreiungsbewegung Kurdistans die Enteignungsfrage inhärent ist. Wie die Produktionsverhältnisse auf den Äckern und in den Betrieben eines bestimmten Gebietes aussehen sollen, das entscheidet nicht ein Staat, sondern die Kommunen vor Ort. Das schließt ein, dass sie sich auch für die Enteignung der Produktionsmittel, egal ob Acker oder Werkbank, entscheiden können. Ob diese Strategie erfolgreich ist, das wird die Praxis vor Ort zeigen.

Diese Praxis ist nicht zuletzt auch mit folgendem Problem konfrontiert: Rojava weist zwar sehr fruchtbare, weil verhältnismäßig wasserreiche Landstriche auf, und nicht zuletzt auch einige Erdölvorkommen, wegen der jahrzehntelangen kolonialistischen Unterdrückung durch das Assad-Regime besteht allerdings kaum verarbeitende Industrie. Getreide, wie auch andere Güter, wurden zwar auch zu Zeiten der Assads in Rojava hergestellt, die Gegend wird nicht umsonst als Kornkammer Syriens bezeichnet, aber nicht dort verarbeitet, sondern in die syrischen Metropolen abtransportiert. Die Versuche, diese ökonomische Rückständigkeit zu überwinden, werden von den Embargos durch das türkische AKP-Regime im Norden und das kurdische Barzani-Regime im Osten Rojavas verlangsamt.

In den ersten Jahren der Revolution, beschränkte sich die industrielle Produktion auf einige kleine Kleidungsfabriken in Afrîn sowie vor allem in Amude, Qamişlo und Derik auf Betriebe, die Waren wie Seife, Plastikflaschen und andere Waren aus Kunststoff herstellen. Daneben gab und gibt es ein paar größere Betriebe, die Geräte und Maschinen für die Landwirtschaft herstellen. Doch viele Fabrikanlagen wurden im Krieg zerstört oder konnten nicht betrieben werden, weil sich die Fachkräfte, die sich mit den Maschinen auskennen, geflohen sind oder schlichtweg, weil Rohstoffe und andere Materialien nicht mehr aus dem Ausland importiert werden konnten.

Doch auch im industriellen Bereich werden Fortschritte gemacht. In den vergangenen Jahren wurden Raffinerien aufgebaut. Diese werden, genau wie die Ölförderung an sich, von Tev-Dem kontrolliert. Die demokratische Selbstverwaltung hat für Förderung und Verarbeitung eigene Kooperativen (Genossenschaften) aufgebaut. Und auch der Verkauf von Benzin und Diesel findet unter demokratischer Kontrolle des Rätesystems statt, die Wirtschaftskommissionen der Selbstverwaltung legen Höchstpreise für den Verkauf der Erdölprodukte fest. Die Einnahmen fließen in die Kooperativen, der Überschuss wird für Verwaltungskosten verwendet. Verkauft wird das Öl an die benachbarten Regionen, vor allem an Händler des Barzani-Regimes und an syrische Firmen.

Aufgelöst sind die Klassenwidersprüche in Nordsyrien noch lange nicht, auch wenn es Menschen gibt, die das behaupten. Begründet wird diese Behauptung oft mit der Tatsache, dass viele Großgrundbesitzer und Kapitalisten während der Rojava-Revolution 2012, oder spätestens mit den Angriffen von Al-Nusra und Daesh, das Weite suchten. Und weil ein großer Teil der Bourgeoisie geflüchtet sei, handele es sich bei der Gesellschaft Rojavas schon gar nicht mehr wirklich um eine Klassengesellschaft. Auch der wohl bekannteste Anarchist und Freund der Rojava-Revolution, David Graeber, ist Vertreter dieser These. Doch an dieser Stelle irrt er. Nur weil die Herrschenden verschwinden, bedeutet das im Rückschluss nicht, dass die Herrschaft, in diesem Fall das Diktat der der kapitalistischen Verwertungslogik, verschwindet.

Die Behauptung, bei Rojava handele es sich nicht mehr um eine Klassengesellschaft, ruht in den meisten Fällen auch auf einer recht vulgären Vorstellung von Klasse. Graeber, der zu Zeiten von Occupy Wallstreet die Parole von den 99 Prozent hochhielt, meint mit Bourgeoisie die Superreichen und Großkapitalisten. Dabei bemisst sich Klasse nicht nur über das Guthaben auf dem Konto, sondern vielmehr über den Besitz- oder Nichtbesitz an Produktionsmitteln und der Verfügungsgewalt über

Lohnabhängige. Oder einfacher gesagt: Eine, die ein Fahrrad und einen Fernseher oder ein Haus besitzt und sonst nichts ist eine Proletarierin. Jemand, der eine Näherei besitzt und dort zwölf Leute beschäftigt, ist ein Kapitalist.

Allerdings: Wer der Befreiungsbewegung Kurdistans in den Tagen des Krieges die Mobilisierung der Gesamtbevölkerung gegen den äußeren Feind, anstatt der Mobilisierung der Arbeiter*innen gegen das Kapital, zum Vorwurf macht, hat nicht verstanden, dass auch in Kurdistan nicht alle Widersprüche gleichzeitig gelöst werden können. Die Revolution ist auch in Kurdistan ein Prozess, in dem die Gesellschaft die gesellschaftlichen Widersprüche entweder Stück für Stück aufhebt oder an ihnen scheitert. Die Klassenfrage ist in Rojava schlichtweg noch nicht entschieden. Nach marxistischen Begriffen handelt es sich bei der Revolution die dort vor sich geht, mehr um eine gesellschaftliche, denn um eine soziale Revolution, also derzeit nicht um eine, die die Produktionsverhältnisse verändert. Doch die politische Verwaltung ist, das muss an dieser Stelle gesagt werden, in den Händen der Werktätigen, die Tendenz zur sozialen Befreiung ist also da.

Umgesetzt werden soll die soziale Revolution mit dem Aufbau von Genossenschaften, also volkseigenen Betrieben, in denen die Arbeiter*innen über die Produktion bestimmen. Diese Kooperativen sollen die bislang dominanten feudalen und kapitalistischen Strukturen überwinden. Kooperativen existieren inzwischen in allen ökonomischen Bereichen, in Handel, Industrie, Ackerbau und Tierzucht. Es gibt Genossenschaften, die sich um die Stromversorgung kümmern, Genossenschaften für Brot- oder Gemüseproduktion ebenso wie eine Wassergenossenschaft die Rojav heißt, und die Versorgung mit Wasser sicherstellen soll. Außerdem gibt es landwirtschaftliche Kooperativen auf Boden, der dem Kanton Cizîrê oder Kobanê gehört und der von jeweils 30 bis 60 Familien bearbeitet wird. Darüber hinaus gibt es eigene Frauenkooperativen, in denen ausschließlich Frauen arbeiten und entscheiden. Alle Genossenschaften sind an das Rätesystem und die demokratische Selbstverwaltung angebunden. In Wirtschaftsakademien werden die Menschen ausgebildet, um die beschlossenen Projekte umzusetzen und die Kooperativen ins Leben rufen zu können.

Gerade auf dem Land schreitet die Kollektivierung und der Aufbau einer alternativen Wirtschaft voran. Immer mehr Dörfer bilden eine Wirtschaftsgemeinschaft, eine Synthese des Kooperativen- und des Kommune-Modells. In diesen Dörfern wird nicht nur in einem bestimmten Bereich auf Gemeinschaftseigentum gesetzt, sondern der ganze Besitz des Dorfes in Gemeineigentum überführt. Eine Praxis, die stark an die Kollektivierung während der Räterevolution im spanischen Bürgerkrieg erinnert. Auf kantonaler Ebene haben sich die Wirtschaftskommissionen im Jahr 2016 das Ziel gesetzt, innerhalb von zwei Jahren rund 50 Prozent aller Dörfer Rojavas in Wirtschaftsgemeinschaften umzuwandeln. Gefördert wird diese Entwicklung von den Räten mit Subventionen, mit technischer Unterstützung, die Anbindung an Handelsgenossenschaften und durch Fachkräfte. Dörfern, die es vorziehen an einer klassischen kapitalistischen Wirtschaftsweise festzuhalten, steht es frei beim Althergebrachten zu bleiben, doch Stück für Stück werden sie aus dem entstehenden kommunalen Wirtschaftsnetzwerk ausgeschlossen.

Und auch im Handelssektor gibt es inzwischen eine Genossenschaftsstruktur. Sie wird angeführt von *Hevgirtin*, der größten Handelsgenossenschaft. Hevgirtin bedeutet übersetzt so viel wie „Zusammenkommen". Die Kooperative umfasst derzeit rund 10.000 Mitglieder, vor allem aus dem Handels- und Vertriebssektor. Sie hat es sich zur Aufgabe gemacht, an möglichst vielen Orten Volksmärkte zu eröffnen, an denen die Bevölkerung möglichst preiswert erhalten soll, was sie zum Leben braucht. Betrieben werden die Volksmärkte vor Ort von Kommissionen, die von den basisdemokratischen lokalen Räten bestimmt werden.

Auch wenn Hevgirtin beim Vertrieb darauf achtet, möglichst viel von landwirtschaftlichen und kleinindustriellen Betrieben zu kaufen die ebenfalls genossenschaftlich organisiert sind, existiert parallel zum genossenschaftlichen System auch die kalte Logik des Marktes, und so wie in allen Kriegs- und Krisenregionen, blüht auch in Rojava der Schwarzmarkt. Von einer Gesellschaft, in der die Bevölkerung in allen Bereichen bestimmt, was, wie, wo und wann produziert wird, ist man in Rojava, trotz aller revolutionärer Arbeit, noch weit entfernt. Trotz aller Bemühungen sind Privateigentum und kapitalistische Verwertung noch lange nicht überwunden.

Und beim Aufbau des Kooperativsystems stehen die Menschen in Rojava und ihre Räte vor einem Problem, das nicht neu ist. Auch Genossenschaften müssen, wenn sie in eine marktwirtschaftliche Ökonomie eingebunden sind, automatisch den kapitalistischen Sachzwängen folgen, um in der Konkurrenz nicht unterzugehen. Das zeigt auch die Geschichte.

Bisher waren alle traditionellen Genossenschaften, und auch die in den siebziger und achtziger Jahren gegründeten Alternativunternehmen, sehr starken Anpassungszwängen von Seiten des Marktes unterlegen, was dazu führte, dass sie aufgeben mussten oder die inneren Strukturen sehr schnell den äußeren Bedingungen angepasst wurden. Das spricht nicht gegen Genossenschaften an sich, sondern gegen den marktwirtschaftlichen Rahmen in dem sie wirtschaften.

Öcalan schlägt zur Lösung dieses Problems einen Markt vor, der nicht auf Profitgier, sondern auf Solidarität baut. Doch in einem Markt, in dem Kooperativen ohne zentralen Plan produzieren, braucht es ein objektives Wertmaß für die Waren, mit denen gehandelt wird. Und das wird in einer Marktwirtschaft, so sozial sie sich auch geben mag, über die für die Produktion einer Ware benötigten Arbeitszeit errechnet. Das bedeutet, auch in einem hypothetischen Markt, in dem sich nur Kooperativen gegenüberstehen, eine Reichtumsverschiebung von denjenigen, die in der Produktion mehr Arbeitszeit pro Stückzahl benötigen, hin zu denjenigen, die weniger dafür brauchen, stattfinden wird. Diese Tendenz führt auch in einem „gerechten" Markt zu Monopolisierung auf der einen, und Armut auf der anderen Seite. Und natürlich auch dazu, dass, der Konkurrenz geschuldet, Löhne möglichst niedrig gehalten werden und möglichst schnell produziert wird.

In einem Interview für die kurdische Nachrichtenagentur ANF beschreibt die kurdische Ökonomin Dara Kurdaxi das in Rojava angestrebte ökonomische Modell als eines, das sich nicht gegen das Privateigentum richte, sondern zum Ziel habe, „dieses Privateigentum für den Dienst an allen Bevölkerungsgruppen, die in Rojava leben, einzusetzen." Doch mit dem Privateigentum verhält es sich wie mit dem Staat. Es ist kein neutrales Mittel, das man für die eigenen Ziele einsetzen kann, das Kapital folgt eigenen Spielregeln und Sachzwängen.

Es wird nicht reichen, an die Stelle der Kapitalisten die Räte und Kooperativen zu setzen ohne dabei die Sachzwänge des Marktes und damit den Markt selbst zu brechen und zu einer möglichst dezentral organisierten Planwirtschaft überzugehen. Die politischen und gesellschaftlichen Strukturen für eine dezentrale Planung wurden in Nordsyrien bereits geschaffen. Und mit moderner Technik und Vernetzung via Internet könnte ein solches System auch die Probleme beheben, die in früheren Planwirtschaften auftraten, Planwirtschaft braucht heute keine starre Bürokratie mehr und keinen schwerfälligen zentralistischen Apparat.

Alles andere läuft vermutlich darauf hinaus, dass wieder eine herrschende Schicht von Reichen und Kapitalist*innen – vielleicht wären dieses Mal auch einige Frauen darunter – entsteht, die abermals nach der Macht greift. Sie würden den Leuten in Nordsyrien die nächste bürgerlich-kapitalistische Herrschaft vor die Nase setzen.

Die Geschichte gönnt den Menschen in Kurdistan keine ruhige Minute. Der radikaldemokratische Aufbau, der in Rojava vorangetrieben wird, ist von allen Seiten bedroht, vor allem aber von Erdogan und seinen Schergen. Und auch in Bakur, in türkisch-Kurdistan, flammt der Krieg immer wieder auf, die Leute wehren sich mit Gewehren, mit Steinen, Barrikaden und Feuer gegen das Regime. (Foto: Anselm Schindler)

6

Operation Olivenzweig

In den Monaten nach der Befreiung von Kobanê, drängen die Volks- und Frauenverteidigungseinheiten die Kräfte des sogenannten Islamischen Staates im Frühjahr 2015 immer weiter nach Osten, Süden und Westen zurück. Unterstützt werden sie dabei zunehmend auch von säkularen arabischen Einheiten. Unter Federführung der YPG hat sich, bereits vor der Befreiung Kobanês, ein Bündnis aus YPG und fortschrittlichen Abspaltungen der Freien Syrischen Armee (FSA) gegründet. Es trägt den Namen *Burkan al-Firat*, Vulkan des Euphrat.

Im Frühjahr 2015, rollt von Kobanê aus noch jeden Tag Nachschub in zerbeulten Geländewägen Richtung Front. Die Straßen, die aus der Stadt herausführen, säumen Checkpoints und Absperrungen der YPG und YPJ. Bei jedem Schlagloch kracht es kurz. Die Insassen zucken zusammen und fluchen. An den Fenstern ziehen die Umrisse befreiter Dörfer vorbei. Doch die meisten Häuser stehen leer. Je weiter es Richtung Front geht, desto geisterhafter wird die Szenerie. Vereinzelt streunen ein paar Straßenhunde umher. An den Wänden der Häuser prangen immer noch die schwarzen Graffitos des IS.

Der Wagen nähert sich der westlichen Front, am Horizont zeichnet sich das Ufer des Euphrat ab. Das Auto stoppt vor einem Stützpunkt der YPG. „Wir haben den Stützpunkt erst vor drei Wochen eingenommen", berichtet der Kommandant der dort stationierten Einheit. Rund einhundert IS-Kämpfer seien dabei getötet worden. Das türkise Wasser des Firat, das sich einige hundert Höhenmeter unter dem Stützpunkt erstreckt, markiert noch bis Juni 2016 die Front. Auf der anderen Seite des Flusses weht die schwarze Fahne des IS. Die drei Kantone Rojavas, Afrîn, Kobanê und Cizîrê, sind zu diesem Zeitpunkt allesamt voneinander isoliert. Im Frühjahr und Sommer 2015 rücken die Volks- und Frauenverteidigungseinheiten zeitgleich von Cizîrê und Kobanê aus vor und erkämpfen innerhalb einiger Monate einen Korridor, der beide Kantone miteinander verbindet. Sie befreien Kobanê damit auch aus der Isolation, was die Lage in der Region deutlich verbessert.

Weil sich immer mehr sunnitische und christlich-arabische Einheiten sowie auch turkmenische Kampfverbände auf Seiten der YPG dem Kampf gegen Daesh anschließen, beschließen die Volksverteidigungseinheiten, neben ihrem Bündnis mit der FSA, noch ein weiteres Bündnis zu Gründen. Die Demokratischen Kräfte Syriens (*Hêzên Sûriya Demokratîk*), die bald besser unter dem Namen Syrian Democratic Forces (SDF) bekannt sind. Damit wird die Befreiungsbewegung Rojavas auch ihrem Anspruch gerecht, die vielen Ethnien, Kulturen und Religionen der Region, im gemeinsamen Kampf für demokratische Autonomie, zu einen.

Die Regierung in Ankara tobt. Man hat nicht damit gerechnet, dass sich die Selbstverwaltung der mehrheitlich kurdischen Gebiete Rojavas und ihre militärische Verteidigung derart ausweitet. Um sie in Schach zu halten, hat der türkische Staat lange Zeit auf die Unterstützung von Daesh gesetzt, nicht zuletzt die Recherchen, der immer wieder mit Repressionen überzogenen liberalen türkischen Tageszeitung *Cumhurriyet*, belegen das. Durch die Schaffung eines zusammenhängenden Gebietes zwischen Kobanê und Cizîrê, entlang der türkisch-syrischen Grenze, kappen die YPG und YPJ auch wichtige Nachschubrouten des IS, die von der Türkei nach Syrien führen. Daesh gerät im Norden Syriens zusehends unter Druck, die Terroristen rächen sich dafür mit Anschlägen in Kobanê und anderen Städten.

Im Juni 2016 überqueren die Syrian Democratic Forces, unter dem Kommando der YPG, den Euphrat Richtung Osten und drängen Daesh damit auch westlich des Kantons Kobanê zurück. Nach heftigen Gefechten erkämpfen die SDF, unterstützt von Luftschlägen der US-Army, die Stadt Minbij, sie ist eine wichtige Verbindungsroute Richtung Aleppo. Erdogan zieht daraufhin die militärische Notbremse. Um eine Verbindung von Kobanê, Minbij und dem weiter westlich gelegenen Kanton Afrîn, und damit ein zusammenhängendes selbstverwaltetes Gebiet, zu verhindern, marschiert der türkische Staat im August 2016 westlich von Minbij in Rojava ein. Begründet wird das von Regimechef Recep Erdogan mit dem Vorgehen gegen den IS. Man wolle Daesh aus der Region zwischen Manbij und Afrîn vertreiben, heißt es in der schon damals nahezu gleichgeschalteten türkischen Presse.

Beim Einmarsch in Rojava bedient sich Erdogan djihadistischer Kräfte. Sie geben sich als Kämpfer der Freien Syrischen Armee aus und kämpfen auch unter deren Fahne. Die FSA entstand zu Beginn des syrischen Bürgerkrieges aus sich auflehnenden ehemaligen Armeeangehörigen Assads. Gegründet wurde sie als säkulare nationalistische Kraft, die sich auf die Fahnen geschrieben hatte, Syrien von Assad zu befreien.

Die mehrheitlich turkmenischen Milizen allerdings, die im August 2016 unter der Fahne der FSA gemeinsam mit türkischen Militärs in Rojava einmarschieren, tragen lange Bärte und blaue Bänder an den Armen, das Zeichen turkmenischer djihadistischer Milizen, die aus der syrischen Al-Qaida Abspaltung Al-Nusra hervorgegangen sind.

Parallel zu den militärischen Angriffen versucht das AKP-Regime das kurdische Siedlungsgebiet zu zerstückeln. Seit einigen Monaten durchtrennt eine Mauer die kurdischen Gebiete entlang der türkisch-syrischen Grenze. Sie ist schon von weitem zu sehen beispielsweise wenn man vom Ortsrand der kurdisch-nordsyrischen Stadt Qamişlo Richtung Grenze fährt. Auf den Äckern von Qidûrbek, einem Vorort von Qamişlo, erstrecken sich große Anbauflächen für Auberginen und Zwiebeln. In weißen Zelten wird das Gemüse auf große Säcke und Tüten verteilt. Einige hundert Meter hinter den Zelten enden die Äcker an der Mauer, auf der immer wieder türkische Soldaten Wache schieben. Der drei Meter hohe Wall trennt nicht nur die Anbauflächen, sondern auch Familien, Freunde und ein ganzes Volk. Landwirt Giwar stand gerade auf einem seiner Äcker, als im Sommer 2015 die Bulldozer und Bagger des türkischen Staates anrückten, um entlang seines Grundstückes ein weiteres Stück Mauer zu bauen. Denn Giwars Grundstück liegt an der syrisch-türkischen Grenze, einige Meter hinter seinem Acker beginnt türkisches Staatsgebiet.

Inzwischen ist die Grenzmauer rund 700 Kilometer lang und damit eine der längsten Grenzanlagen der Welt. Nur die USA, Marokko und Indien haben längere Mauern und Zäune an ihren Grenzen. Als Ende 2013 der Bau der Mauer beginnt, kommt es zu militanten Protesten in vielen Grenzstädten. In Kobanê marschierten tausende Menschen Richtung Grenze, Jugendliche werfen Steine auf Grenzsoldaten, Militär und Polizei antworten mit Gasgranaten und Schüssen, ein jugendlicher Demonstrant wird getötet, rund 50 Menschen teilweise schwer verletzt.

Bauer Giwar heißt eigentlich anders, aus Angst vor türkischen Agenten will er seinen Namen lieber nicht in den Medien sehen. Die Bulldozer hätten wertvollen Boden vernichtet, schimpft Giwar, bis zu 100 Meter südlich der türkischen Grenze seien sie für die Bauarbeiten vorgerückt. Auf einem Teil des Ackers sei deshalb zwei Jahre lang fast nichts gewachsen, sagt Giwar. Und auch heute noch sei der Boden in der Nähe der Grenze nur schwer zu bewirtschaften, „manchmal patrouillieren Soldaten auf der Mauer und wenn wir dem Wall zu nahekommen, dann schießen sie über unsere Köpfe hinweg". Auf den Pfaden, die sich zwischen den Auberginenpflanzen hindurchschlängeln, finden sich an manchen Stellen immer noch Splitter von Artilleriegeschützen. Als Ende 2015 in Nusaybin schwere Gefechte zwischen der PKK nahestehenden Bürgermilizen und dem türkischen Militär ausbrachen, da seien über dem Acker immer wieder Geschosse niedergeprasselt, erinnert sich Giwar.

Nach dem ersten Weltkrieg zogen die Franzosen und Briten in Westasien neue Grenzen, sie teilten Kurdistan damit in vier Gebiete auf. Die Grenzen waren lange passierbar, auch trotz dem Krieg in Syrien. Doch jetzt trennt Nusaybin und Qamishlo die neue Mauer und der Unterschied zwischen den Welten auf den beiden Seiten könnte kaum größer sein. Am Ortsrand von Qamishlo stehen kleine Häuser aus Lehmziegeln oder Ziegelsteinen, auf der anderen Seite zieht der türkische Staat gerade siebenstöckige Betonklötze hoch, die Stadtteile Alika und *Koçera* wurden nach den schweren Gefechten abgerissen. Wohl auch, mutmaßt Giwar, um sich an der aufständischen Bevölkerung zu rächen. „Erdogan hat es auf die kurdische Identität der Stadt abgesehen, es ist kein Zufall, dass die Bagger gerade die Altstadt und den historischen Teil von Nusaybin zerstört haben."

Türkische Behörden erklären den Mauerbau damit, dass sich die Türkei gegen Islamisten schützen müsse, gegen illegale Grenzübertritte und gegen Schmuggler und andere Kriminelle vorgehe. Vertreter*innen der kurdischen Seite sehen das anders, sie prangern an, dass es Erdogan darum gehe, Rojava zu isolieren und das kurdische Volk weiter zu spalten. In den Bulldozern, die über Giwars Acker ratterten, saßen nicht selten kurdische Arbeiter*innen, erinnert sich der Auberginenbauer. „Die haben die Propaganda des türkischen Staates geglaubt", schimpft Giwar.

Im Januar 2018 marschiert Erdogan zum zweiten Mal in Rojava ein. Einzelne Bauteile der Mauer werden kurzerhand abmontiert, dazwischen rollen Panzer durch. Der Name der Offensive: Operation Olivenzweig. Das Ziel: Die Zerschlagung und Besetzung des selbstverwalteten Kantons Afrîn im Nordwesten Rojavas. Von Norden und Westen ausgehend, nimmt Erdogan Afrîn in die Zange, auch dieses Mal wieder mit Unterstützung von Islamistengruppen. Die Angriffe dauern zwei Monate, dann stehen Erdogans Truppen Mitte März kurz vor den Toren von Afrîn-Stadt, die YPG gibt die Direktive an die Zivilbevölkerung heraus, die Stadt zu verlassen, zu diesem Zeitpunkt sind bereits Zehntausende Menschen auf der Flucht vor den Bomben der türkischen Luftwaffe. Zwei Monate lang hatten YPG und YPJ versucht, die vorrückenden Söldner und türkischen Soldaten aufzuhalten, konnten ihre Stellungen aber vor allem wegen der starken Luftangriffe nicht lange halten.

Am Morgen des 18. März, rollen türkische Panzer deutscher Produktion durch das Stadtzentrum von Afrîn. Türkische Soldaten hissen riesige Türkeiflaggen auf Gebäuden, die einige Tage zuvor noch von der rätedemokratischen Selbstverwaltung des Kantons Afrîn genutzt wurden. Die Bilder gehen um die Welt. In den sozialen Medien sorgt ein Foto für Unruhe, dort ist der verstümmelte Körper einer Kämpferin zu sehen, Barin Kobani ist ihr Name, viele andere Tote bleiben namenlos. Auf vielen Bildern sind auch islamistische Söldner zu sehen, „Allah-u-Ekber"-Rufe hallen durch die Stadt. Die Islamisten, abermals notdürftig getarnt mit Fahnen der Freien Syrischen Armee, strecken ihre Zeigefinger in die Kamera, den „Tauhid"-Finger. Es steht für den Glauben an die Einheit und Existenz nur eines Gottes. Recep Erdogan erklärt im türkischen Parlament, dass Afrîn nun seinen „rechtmäßigen Bewohnern" übergeben werde, es sollen arabische und turkmenische Sunnit*innen in der Region angesiedelt werden. Die Bewohner*innen Afrîns sind zu diesem Zeitpunkt schon seit einigen Tagen auf der Flucht, es sind Hunderttausende, vor allem kurdische Familien. Immer wieder wird auf fliehende geschossen, die Toten werden notdürftig am Straßenrand begraben.

Zur selben Zeit fliegen in europäischen Metropolen Brandsätze durch die Fenster islamistischer Moscheen, die für Erdogans Feldzug gegen Afrîn geworben hatten. Rüstungsbetriebe werden blockiert, an Zugstrecken brennen Kabelschächte, die türkische Botschaft in Athen ist in dichten Rauch gehüllt. Es sind Akte der Rache. Unter dem Slogan *Fight4Afrîn* kommt, 48 Tage nach Beginn der Militäroffensive, auch in deutschen Städten eine militante Kampagne zu ihrem Höhepunkt, wie sie Deutschland seit vielen Jahren nicht mehr gesehen hat. Überall auf der Welt, von San Francisco bis Kabul, von Tokio bis Wien, demonstrieren Hunderttausende Menschen gegen die Besatzung.

Die Demos und Aktionen senden auch ein Signal an die Welt: Afrîn ist gefallen, aber der Kampf geht weiter. Man werde vom Verteidigungskampf direkt zu Guerilla-Aktionen übergehen, um die Kosten für die Besatzung Afrîns in die Höhe zu treiben, heißt es in einer Stellungnahme der Volksverteidigungseinheiten YPG auf ANF News. Schon die Siegesfeier der Besatzertruppen wird von einem Anschlag überschattet, mehr als ein Dutzend dschihadistischer Kämpfer und türkischer Soldaten werden dabei getötet.

Doch auch das kann nicht darüber hinwegtäuschen, dass die Befreiungsbewegung in Nordsyrien, mit der Besatzung Afrîns, von der Offensive in die Defensive geraten ist. Sechs Jahre nachdem die Bevölkerung von Kobanê die Polizei und das Militär aus der Stadt gejagt hat, und der Aufbau der Selbstverwaltung ausgerufen wurde, steht das weltweit größte radikaldemokratische Projekt mit dem Rücken zur Wand.

Afrîn ist ein Rückschlag, vor allem für die Frauenbewegung in der Region. Den Kämpfen gegen männliche Dominanz und patriarchale Familienstrukturen, der Aufbau von autonomen Frauenstrukturen, im politischen wie im wirtschaftlichen Bereich, steht die bloße Unterdrückung, Schleierpflicht, Zwangsheirat und Scharia gegenüber. Vereinzelt tauchen Meldungen über verschwundene Frauen aus ezidischen Dörfern auf, die Entführung und Versklavung von Frauen, die in vom IS besetzten Gebieten praktiziert wurde, scheint sich in Afrîn zu wiederholen.

Beim Vormarsch auf Afrîn, zerstören die faschistischen Kampfverbände auch Friedhöfe, historische Stätten und Statuen. Eine Dreitausend Jahre alte Tempelanlage der Hethiter wird bombardiert und, das bestätigen die syrische Antikenverwaltung DGAM und das *Syrian Observatory for Human Rights* in London übereinstimmend, zu großen Teilen zerstört. Auch das ein Vorgehen, das stark an radikalislamische Gruppen wie den IS oder Al-Qaida erinnert. Der Journalist Christoph Sydow schreibt in den ersten Tagen der Besatzung dazu treffend in einem Kommentar für den Spiegel: „Auf den Bildern aus Afrîn lässt sich so oft erst auf den zweiten Blick erkennen, dass die Stadt nicht vom IS, sondern von der türkischen Armee und ihren Verbündeten eingenommen worden ist."

In Afrîn geht es der türkischen Bourgeoisie nicht nur um einen militärischen Sieg und die Unterwerfung eines Landesteiles von syrisch-Kurdistan unter die Herrschaft der türkischen Despotie, sondern auch um die Auslöschung der Geschichte einer Region und die Vernichtung der kulturellen Vielfalt Afrîns. Es geht um die Herstellung einer ethnisch und religiös möglichst homogenen Bevölkerung. Nachdem die Türkei mit ihrer militärischen Invasion im Jahr 2016 in Cerablûs, Bab und Azaz einen Keil zwischen die Kantone Afrîn und Kobanê getrieben hatte, versucht sie nun über einen islamistisch geprägten arabisch-turkmenischen Gürtel an der Grenze einen Keil zwischen die Kurd*innen in türkisch- und syrisch Kurdistan zu treiben. Die Türkei knüpft damit an das Projekt der ethnischen Säuberungen des Baath-Regimes entlang der Grenze aus den siebziger Jahren des neunzehnten Jahrhunderts an. Kurdische Verbände bezeichnen die Besatzung Afrîns deshalb als Vorbereitung eines kulturellen Genozides.

Während die klerikalfaschistischen Truppen in Afrîn einmarschieren, treffen sich rund 70 Kilometer entfernt, im türkischen Antep, rund 100 Menschen um einen neuen Stadtrat für Afrîn zu bestimmen. 30 Mitglieder werden gewählt, darunter vor allem Sympathisant*innen Erdogans und Mitglieder dschihadistischer Gruppierungen. Die Türkei hat eigentlich 81 Provinzen. Mit der Einnahme von Afrîn sind es de facto 83. Denn wie auch schon bei der Besatzung der syrisch-türkischen Grenzstadt Cerablûs, soll auch in Afrîn ein türkischer Gouverneur eingesetzt werden. Die Region Afrîn soll auch für die Ansiedlung von arabischen Flüchtlingsfamilien genutzt werden, was auch europäischen Staaten, allen voran Deutschland, in Sachen Flüchtlingsabwehr nicht ungelegen kommt. Rund 400.000 Menschen, aus den Regionen Killis, Hatay und Antep, sollen laut türkischen Medien in Afrîn angesiedelt werden.

Der Angriffskrieg gegen Afrîn ist nicht der Aussetzer eines böswilligen Despoten, wie es auch in westlichen Medien gerne dargestellt wird. Das Agieren der Türkei in Afrîn ist Kalkül und Teil des Kräftemessens um eine Neuordnung Syriens. Selbst Russland und der Iran haben den einstigen Erzfeind Türkei in Afrîn gewähren lassen. Es ist ein Tauschgeschäft, Erdogan soll seine islamistischen Verbündeten aus Regionen wie Ost-Ghouta oder Homs abziehen und bekommt dafür Narrenfreiheit in Afrîn. Sowohl das syrische als auch das türkische Regime profitieren von diesem Tauschhandel – ein Handel mit dem sich auch die dahinterstehenden Mächte, einerseits der Iran und Russland und andererseits die USA und die EU anfreunden können. Und nebenher wurde geschauspielert, gezetert und gezankt und auf den Verrückten vom Bosporus geschimpft.

Konnten sich westliche Kräfte mit dem Einmarsch in Afrîn offenbar noch abfinden, stoßen die Drohungen Erdogans, von Afrîn aus weiter Richtung Osten zu marschieren, bei westlichen Regierungen nun allerdings auf wenig Gegenliebe. Die recht großspurige Ankündigung Erdogans, nach Afrîn auch Minbij einzunehmen, rief Anfang April 2018 den französischen Präsidenten Emmanuel Macron auf den Plan, der recht unverhohlen zurück drohte, Minbij im Notfall auch gegen türkische Truppen zu verteidigen. Was paradox wirkt, handelt es sich doch eigentlich um NATO-Partner, ist letztlich eine historische Kontinuität: Es waren neben britischen vor allem auch französische Truppen, die im Ersten Weltkrieg die osmanische Armee schlugen und die türkische Vorherrschaft in Westasien beendeten. Der syrische Nationalstaat ist historisch gesehen nicht zuletzt auch ein Produkt des französischen Imperialismus, und mit der unerwartet scharfen Reaktion auf Erdogans Kriegsdrohungen macht Macron deutlich, dass die Grande Nation auch heute noch auf ihr Mitspracherecht in Syrien pocht. Trotzdem ist die Gefahr einer Übernahme von Minbij durch das türkische Regime nicht gebannt. Im worst case scenario, würde die türkische Regierung mit den westlichen Regierungen einen Deal aushandeln um Minbij doch zu bekommen – ähnlich wie das schon in Afrîn passiert ist.

Das Etappenziel Erdogans ist eine türkisch dominierte islamistische Besatzungszone, die von Afrîn in südliche Richtung bis kurz vor Homs und in östliche Richtung bis kurz vor Kobanê reicht. In den Monaten nach der Besatzung Afrîns sieht es so aus, als würde die Strategie des AKP-Regimes aufgehen. Doch dann kommt ihm Assad in die Quere. Der syrische Machthaber hat in den Monaten zuvor die letzten Bastionen Al-Qaida-naher islamistischer Milizen im Süden Syriens zerschlagen. Die Jihadisten zogen sich an die letzte große Front zurück, nach Idlib. Dort versuchen Al-Quaida-nahe syrische Milizen, gemeinsam mit Gotteskriegern aus aller Welt, protegiert durch das Erdogan-Regime, bereits seit dem Frühjahr 2015 ein Mini-Kalifat aufzubauen. Zwar wechseln die Gruppierungen immer mal wieder, vor rund einem Jahr wurde das jihadistische Milizen-Bündnis Dschaisch al-Fatah von der konkurrierenden Hai'at Tahrir asch-Scham verdrängt, doch die klerikalfaschistische Herrschaft ist dieselbe geblieben.

Aber damit könnte bald Schluss sein: Das syrische Militär hat die Offensive auf die Region Idlib begonnen. In Idlib haben sich, vom IS mal abgesehen, die radikalsten Teile des politischen Islam zusammengerottet. Während andere Milizen immer wieder auf Verhandlungen mit dem Regime gesetzt haben, lehnt Hai'at Tahrir asch-Scham Gespräche mit Assad kategorisch ab. Viele der Kämpfergruppen in Idlib können allein schon deshalb gar nicht mit Assad verhandeln, weil viele ihrer Anhänger aus dem Ausland stammen. In vielen Fällen sind es kampferprobte tschetschenische oder uigurische Gotteskrieger. Viele von ihnen wollen bis zum letzten Atemzug kämpfen, die meisten werden die Offensive wohl nicht überleben.

Mit der sich abzeichnenden Zerschlagung der radikalislamischen Herrschaft in Idlib wird nicht nur der Spielraum islamistischer Strömungen in Syrien immer kleiner, auch das Erdogan-Regime verliert an

Macht: Die geplante Rückeroberung von Idlib durchkreuzt Erdogans Plan, dort ein türkisches Protektorat aufzubauen und so, gemeinsam mit den Provinzen Afrîn und Shaba, den nordwestlichen Teil Syriens dauerhaft als türkische Einflusszone zu reklamieren. Auch innenpolitisch wäre ein Verlust von Idlib für Erdogan eine Katastrophe, baut er doch darauf, sich als neoosmanischer Bonaparte zu stilisieren. Militärische Niederlagen passen nicht in diese Inszenierung. Und: Der Krieg um Idlib wird zu weiteren Fluchtbewegungen Richtung Türkei führen, bereits jetzt hat das Land rund 3,5 Millionen Menschen aus Syrien aufgenommen.

Und es kommt noch dicker für Erdogan: Es zeichnet sich, auch wenn die Umrisse noch nicht ganz klar sind, eine mögliche stärkere Zusammenarbeit von Erdogans Erzfeinden ab. Bereits Ende Juli kündigte das Assad-Regime an, in Verhandlungen mit der Räteverwaltung der Demokratischen Föderation Nordsyrien/Rojava treten zu wollen. Und seit Anfang Mai 2018 laufen die Gespräche auch tatsächlich. Es geht dabei um die Zukunft Syriens und die Frage der militärischen Zusammenarbeit. Inwieweit die Gespräche erfolgreich verlaufen ist noch nicht absehbar, doch sollte es zu einer militärischen Zusammenarbeit kommen, dann könnte nach der Befreiung von Idlib auch eine Offensive zur Zurückeroberung des seit Anfang des Jahres durch türkische und islamistische Kräfte besetzten Kantons Afrîns bevorstehen. Doch das ist noch Zukunftsmusik. Auch weil relativ unklar ist, ob der mit Assad verbündete russische Staat sein OK dafür geben würde.

Und so wird sich Erdogan in den kurdischen Gebieten mittelfristig wohl auf andere militärische Ziele einschießen. Während der letzten Parlamentswahlen im Juni 2018, bei denen Erdogan sich seinen Alleinherrschaftsanspruch bestätigen ließ, rückte er immer wieder die nordirakisch-kurdischen Kandil-Berge in den Fokus, das Widerstandsnest und Guerilla-Gebiet der PKK. Und schon während dem Wahlkampf flog er Bombenangriffe, türkische Soldaten rückten von türkischem und irakischem Staatsgebiet Richtung Berge vor. Bereits seit März 2018 ist die türkische Armee mit 1.500 Mann rund 30 Kilometer auf irakisches Staatsterritorium vorgerückt und hat im türkisch-irakisch-iranischen Grenzdreieck Dutzende Dörfer unter ihre Kontrolle gebracht. Sie hat zudem elf Militärstützpunkte, einschließlich einer Drohnenbasis, errichtet, die als Infrastruktur für eine größere grenzübergreifende Operation dienen können. Aber die Invasionstruppen sehen sich nahezu täglich Angriffen der Guerilla ausgesetzt. Und sie stehen vor einem weiteren Problem: Um im Kandil-Gebirge effektiv operieren zu können, bräuchte das türkische Militär auch Stützpunkte auf iranischem Boden, erstrecken sich die Gebirgszüge doch bis in den Iran. Doch der Iran hat daran wohl kaum Interesse. Seit 2011 besteht zwischen dem Regime und der Partei für ein Freies Leben in Kurdistan (*Partiya Jiyana Azad a Kurdistanê* – PJAK), der kurdisch-iranischen Schwesterpartei der PKK, ein Waffenstillstand. Türkische Militärposten auf iranischem Boden würden diesen wohl gefährden.

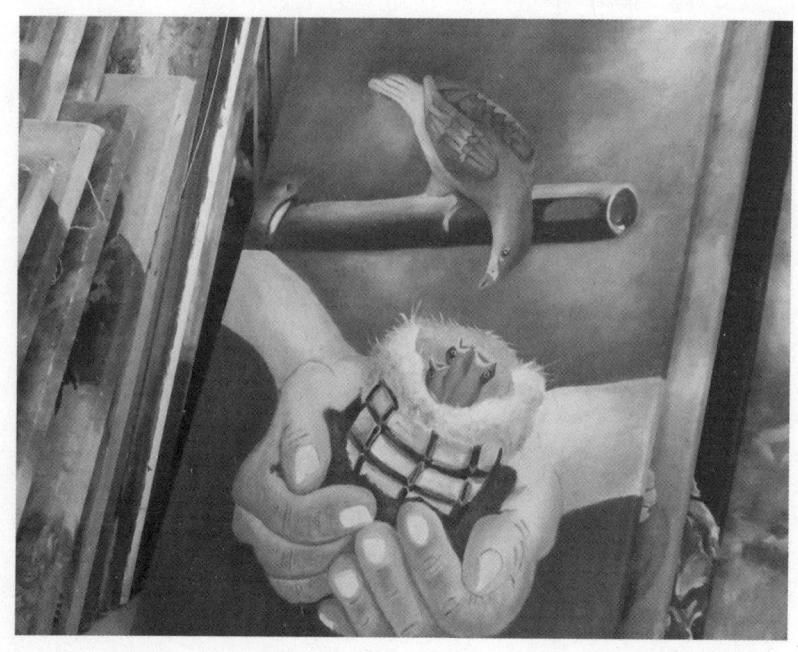

Kurdistan ist zerrissen durch die Machtkämpfe regionaler Despoten und der westlichen Großmächte. Trotzdem ist Platz für Ästhetik, wie auf den Bildern des kurdischen Künstlers Ali Bilen. Zwischen allen Frontverläufen und Kriegen, schafft es die Freiheitsbewegung Kurdistans immer wieder Nischen zu finden, in denen die Grundrisse für ein freieres und solidarisches Leben gezeichnet und umgesetzt werden können. (Foto: Anselm Schindler)

7

Krieg um Westasien

Westasien oder der „Nahe Osten" reicht, so die geläufigste Definition, von Ägypten bis zum Iran und vom Bosporus bis zum südlichsten Zipfel der arabischen Halbinsel. Diese Region übt seit jeher Faszination auf die Menschen der westlichen Welt aus. Der Nahe Osten ist Projektionsfläche für kulturelle Phantasien, Arena für Stellvertreterkriege und Lieferant von Rohstoffen. Die Welten Westasiens und die des Westens sind eng miteinander verflochten, ihre Geschichte und Gegenwart lässt sich nur verstehen, wenn man aufhört, sie getrennt voneinander zu betrachten. An dieser Stelle aber soll auf die jüngere Geschichte wechselseitiger Beziehungen zwischen dem Nahen Osten und Europa Bezug genommen werden, um besser zu verstehen, was die Probleme hier wie dort miteinander zu tun haben. Und um an späterer Stelle wieder auf Kurdistan zu sprechen zu kommen.

Unsere Zeitreise beginnt mit Napoleon Bonaparte, dem bekannten französischen Feldherrn. 1798 fällt Napoleons *Grande Armée* in Kairo ein. Die französischen Soldaten brandschatzen, vergewaltigen und morden. „Die Franzosen kennen keine Kultur", notiert der Großmufti von Kairo in sein Tagebuch. Der französische Einmarsch in Ägypten ist das erste große militärische Aufeinanderprallen von Morgen- und Abendland seit den Kreuzzügen, er ist ein Schock für die muslimische Welt. Und der Beginn der Versuche, den westasiatischen Gesellschaften europäische Gesellschafts- und Ökonomieformate aufzuzwingen. Napoleon scheitert in Ägypten an dem Versuch, die osmanische Hafenstadt Akkon einzunehmen. Die Grande Armée wird von osmanischen Truppen zurückgeschlagen und tritt den Rückzug an.

Das Herrschergeschlecht der Osmanen waltet seit dem 15. Jahrhundert über ein Großreich, das von der Krim bis Mekka und von Algerien bis in den heutigen Irak und zeitweise bis kurz vor Wien reicht. Doch der Erste Weltkrieg wird für das Osmanische Reich, rund 120 Jahre nach dem französisch-osmanischen Krieg, zum Fallstrick: Auf Seiten des Deutschen Kaiserreichs treten die Osmanen in den Krieg ein. Das Großreich wird von Frankreich und England besiegt. Wie für Europa, wird auch für Westasien der Erste Weltkrieg zur „Urkatastrophe", zum

Ausgangspunkt für die kommenden Katastrophen, auch das haben beide gemeinsam.

Im Kampf gegen die Osmanen spielen England und Frankreich mit gezinkten Karten. Um das Großreich von innen heraus zu schwächen, bestärken die Kolonialmächte nationalistische Bestrebungen innerhalb des Reiches, das ein Sammelbecken verschiedenster Ethnien, Glaubensrichtungen, Sprachen und Kulturen ist. Die Strategen aus London und Paris versprechen den kurdischen und armenischen Stammesanführern eigene Staaten, sollten sie sich gegen das osmanische Reich auflehnen. Zeitgleich werden mit arabischen Herrschern Verträge geschlossen, für den Kampf gegen die Osmanen verspricht ihnen England ein großarabisches Reich. Doch als die arabischen Armeen Damaskus erreichen, da haben Engländer und Franzosen den Nahen Osten längst, mittels Geheimverträgen, unter sich aufgeteilt. Das Sykes-Picot-Abkommen teilt das ehemalige Osmanische Reich in einen britischen und einen französischen Einflussbereich. Und weder Kurd*innen noch Armenier*innen bekommen einen eigenen Staat.

Doch nicht nur die Strategen in Paris und London wissen, wie sie regionale Konflikte und Ideologien geschickt für sich auszunutzen. Auch das Deutsche Reich arbeitet während dem Ersten Weltkrieg mit großer Spitzfindigkeit daran neue Allianzen zu schmieden, um die Position der alten Kolonialmächte im Nahen Osten zu schwächen. Einige Kilometer südlich von Berlin, wird ein Kriegsgefangenenlager aufgebaut, in dem fast ausschließlich sunnitische Araber interniert sind. Sie haben auf der arabischen Halbinsel, auf Seiten der Alliierten, gegen die Osmanen gekämpft und gerieten dabei in Kriegsgefangenschaft. Das Lager bei Berlin ist nicht das einzige Lager in dem Araber interniert sind, doch es weist eine Besonderheit auf: Die deutsche Lagerleitung lässt dort eine Moschee errichten, die erste auf deutschem Boden in der auch aktiv gebetet wird. Und in Zusammenarbeit mit einigen muslimischen Geistlichen, lässt die Lagerleitung eine Zeitschrift herausgeben. Sie trägt den Titel *Al Djihad*, heiliger Krieg.

In dem Lager, das bald schon als „Halbmondlager" bekannt wird, versuchen die Deutschen aus den arabischen Gefangenen Gotteskrieger zu machen, um sie im arabischen Raum gegen die „gottlosen" Engländer und Franzosen ins Feld zu führen. Das erinnert an die Unterstützung, die afghanische Islamistengruppen über Jahre hinweg von den USA erhielten, um gegen die Sowjetunion ins Feld zu ziehen. Es war jedenfalls nicht das letzte Mal, das westliche Kräfte in Westasien auf islamistische Kräfte setzen, um ihre Interessen durchzubringen.

Die Gründung des modernen syrischen Staates unter französischer, und die Gründung des irakischen Staates unter Federführung der britischen Mandatsmacht, markieren, nach dem Ende des Ersten Weltkrieges, den Beginn der Zerstückelung der arabischen Welt unter westlichem Einfluss. Die neuen Nationalstaaten die entstehen, werden vor allem auf Grundlage ökonomischer Interessen gebildet, was sich besonders anschaulich an der Geschichte des Irak zeigt. Der Irak entsteht 1920 aus der Zusammenlegung der drei osmanischen Provinzen Bagdad, Mossul und Basra. Es sind Provinzen, die reich sind an Bodenschätzen. 1929 wird die Iraq Petroleum Company gegründet, sie zahlt kaum Konzessionsgebühren und gehört vollständig nicht-irakischen Unternehmen.

Wie mit einem Lineal, teilen die Siegermächte Frankreich und England, die Mandatsgebiete unter sich auf. Es ist kein Zufall, dass der Islamische Staat, auch rund Einhundert Jahre später, mit der Forderung nach einer Aufhebung, der durch die Siegermächte gezogenen künstlichen Grenze zwischen Irak und Syrien, noch Sympathisant*innen für sich gewinnt. Dieses Ziel ist nicht neu, der Panislamismus, der Wunsch der Einheit der Muslime über nationale Grenzen hinweg, ist keine Erfindung des IS. Doch es gibt auch eine säkulare Version der Wiedervereinigung des Nahen Ostens: In den sechziger und siebziger Jahren ist es vor allem der baathistische Panarabismus, eine arabisch-nationalistische und antikoloniale Strömung, die angetreten ist, um die arabische Welt im Kampf gegen den Imperialismus zu einen.

Der Baathismus entsteht gewissermaßen als säkularer Gegenpart zum Panislamismus. Statt religiöser Einheit aller sunnitischer Muslime über nationale Grenzen hinweg, fordert der Baathismus nationale Einheit der Araber*innen über religiöse Grenzen hinweg, einschließlich der schiitischen und christlichen arabischen Bevölkerung. Der Baathismus, der zunehmend brutal gegenüber nicht-arabischen Minderheiten auftritt, will schaffen, woran der Panislamismus gescheitert ist: Einen einheitlichen und wenigstens nach innen friedlichen Nahen Osten.

Im Irak und in Syrien kommen 1963 baathistische Parteien an die Macht. Auch in anderen arabischen Staaten wie dem Libanon, in Jordanien und in Bahrain existieren baathistische Parteien, deren Putschversuche allerdings allesamt niedergeschlagen werden. Unterstützung erfährt die Strömung auch aus Ägypten. Auch der dortige Staatschef Gamal Nasser unterstützt panarabische Bestrebungen. Unter autoritären, sozialistischen Vorzeichen, versuchen die baathistischen Parteien in Syrien und dem Irak, der Ausbeutung des arabischen Raums durch westliche Staaten und Konzerne entgegenzutreten. 1972 verstaatlicht die irakische Baath-Partei die Iraq Petroleum Company. Auch in Syrien und Ägypten werden Schlüsselindustrien der zentralen Planung durch den Staat unterstellt.

Doch die baathistischen Staaten scheitern in vielen Fällen daran, sich aus dem durch westliche imperialistische Staaten mit aufgebauten Machtgefüge, zu lösen. Gerade in der starken Konkurrenzsituation mit der Sowjetunion, welche ebenfalls auf Westasien schielt und die baathistischen Regime teilweise unterstützt, versuchen westliche Kräfte mit allen Mitteln die baathistischen Staaten unter Kontrolle zu behalten. Auch das Regime von Saddam Hussein, der den Irak über Jahrzehnte recht brutal regiert, wird von den USA lange Zeit hofiert. Als 1980 der Irak sein Nachbarland Iran angreift, wird Hussein, allen voran von den USA, mit Milliarden und Waffenlieferungen unterstützt. Der Krieg dauert acht Jahre lang, mehrere Hunderttausend Menschen fallen dem Gemetzel zum Opfer.

Als aber nur wenige Jahre nach Kriegsende Hussein Kuwait überfällt, wendet sich das Blatt. Die Besatzung Kuwaits löst eine Krise aus und bringt die westliche Welt gegen das Regime in Bagdad auf, die USA greifen als Reaktion zum ersten Mal den Irak an und verdrängen die irakischen Truppen aus Kuwait. Mit dem militärischen Einmarsch in Kuwait hat sich Saddam Hussein selbst auf die Abschussliste gesetzt, nur wenige Jahre nach der Unterstützung des Regimes gegen den Iran wird Hussein der westlichen Öffentlichkeit nun als das Böse schlechthin präsentiert, ein Schlächter, fast so schlimm wie Hitler. 2003 folgt der zweite Schlag. Die USA und ihre „Koalition der Willigen" besetzen den Irak und bomben die baathistische Parteielite aus der Macht.

Mit dem zweiten Irakkrieg beginnt für Westasien eine besonders stürmische und blutige Zeit, ein Verteilungskampf um Macht, Land, Öl und Gas. Die Regionen in denen Krisen und Kriege ausbrechen oder sich zuspitzen, reichen bald von Nordafrika über die arabische Halbinsel bis nach Afghanistan. Alles Gebiete, die spätestens seit dem Sturz der Osmanen im westlichen Einflussbereich liegen.

Die ersten Ziele, die von der US-Armee bei der Invasion im Irak besetzt werden, sind die irakischen Ölfelder. Mit dem zweiten Irakkrieg, dessen direkte und spätere Auswirkungen Schätzungen zufolge bis zu

800.000 Tote fordert, holt man sich die ökonomische und geopolitische Hegemonie westlicher Industriestaaten im Nahen Osten zurück. Und auch hier fußt ein Teil der Strategie auf der Verstärkung bestehender religiöser und ethnischer Konflikte. Die USA bedienen sich eines Bündnisses mit den schiitischen und kurdischen Eliten des Irak, die Sunnit*innen werden aus der Regierung und aus den wichtigen Ämtern verdrängt und unterdrückt.

Nach dem Sturz Saddam Husseins und dem Zusammenbruch diverser arabisch-nationalistischer Regime im Zuge des arabischen Frühlings, besteht der ehemalige baathistische Machtblock aus nur noch einem Staat: Dem von Baschar al-Assad mit harter Hand geführten Syrien. Die oftmals von westlichen Staaten unterstützten Umstürze und das Chaos das darauf folgt, begraben endgültig die baathistischen Träumereien einer auf säkularer Basis geeinten arabischen Welt. Aus dem Chaos heraus formiert sich eine Macht, die von den gestürzten Despoten in den Jahrzehnten davor blutig in Schach gehalten wurde, der politische Islam. Sein Aufstieg wird, nicht zuletzt von Verbündeten des Westens, allen voran von den Regimen Saudi-Arabiens und der Türkei, gefördert. Ohne die Waffen und das Geld aus Ankara und Riad, wäre die so blitzhafte Ausbreitung von Milizen wie der Al-Nusra-Front und auch dem sogenannten Islamischen Staat über weite Gebiete Syriens und des Irak wohl nicht denkbar gewesen.

Die Ursprünge des sogenannten Islamischen Staates lassen sich bis in die irakischen Kriegsgefangenenlager der US-Armee nachverfolgen. Dort treffen die geschlagenen und ehemals säkularen irakischen Militärs ab 2003 auf jihadistische Gefangene, die in den Lagern eifrig Propaganda betreiben. Und das mit Erfolg. Die personelle Struktur des Islamischen Staates deckt sich an vielen Stellen mit der der gestürzten ehemaligen Elite des Hussein-Regimes. Es mag merkwürdig anmuten, dass ehemals säkular-nationalistische Militärs zu Gotteskriegern umschulen. Doch es ist erklärbar, denn der Frust der sunnitischen Bevölkerung über die eigene Entmachtung und den Machtgewinn schiitischer und kurdischer Eliten, bietet den radikal-sunnitischen Missionaren einen guten Nährboden.

Mit dem Wiederaufstieg des Jihadismus treten fundamentalistisch-sunnitische Kräfte auf den Plan, die ihren Glaubensbrüdern versprechen, sie zu alter Größe zurückzuführen, um die islamische Welt zu einen. Der ehemals säkulare panarabische Kampf gegen den Westen, gerinnt zu religiösem Wahn.

Es ist vor allem den kurdischen Volks- und Frauenverteidigungsein-heiten und ihren arabischen Verbündeten zu verdanken, dass sie den so-genannten Islamischen Staat in die Schranken weisen konnten. Und da-mit sind wir wieder bei Kurdistan angelangt. Kurdistan liegt geografisch gesehen dort, wo der türkische, persische und arabische Einflussbereich aufeinanderprallen. Es tobt ein Machtkampf zwischen der sunnitischen und der schiitischen Machtachse, also dem Wettstreit von Türkei und Saudi-Arabien auf der einen und dem Iran auf der anderen Seite – und der dahinterstehenden Konkurrenz der jeweiligen internationalen Macht-blöcke. Diese geopolitisch brisante Lage Kurdistans ist einer der Gründe dafür, dass auf kurdischem Boden nie ein Nationalstaat entstand. Den Kurd*innen bleibt also nur, sich zwischen den vielen verschiedenen In-teressengegensätzen großer und kleiner Mächte in der Region durchzu-lavieren.

Das ist auch heute so, insbesondere wenn es um Rojava geht. Das Tak-tieren im Kampf um Syrien hat die kurdische Freiheitsbewegung in die ungewöhnlichsten Bündniskonstellationen hineingetrieben. Während mit Assad ein inoffizieller Nichtangriffspakt besteht, ließ man sich lange von den USA mit Waffen beliefern, hier kämpfte man mit säkularen FSA-Splittergruppen, dort verlangte man von Assad, die syrische Integrität in Afrîn gegen den Einmarsch der Türkei zu schützen.

Und die ganze Lage verkompliziert sich dadurch, dass stabil geglaubte Bündnisse in Frage gestellt werden, Syrien wird dabei zum Katalysator für eine machtpolitische Neuordnung des Nahen Ostens. Im syrischen Krieg drücken sich tiefgreifendere Entwicklungen aus, die weit über diese tagespolitischen Geschehnisse hinausweisen. Eine der entscheidendsten Entwicklungen ist der Niedergang der US-Hegemonie im Nahen Osten. Die Kriege der USA und anderer NATO-Staaten in Westasien, haben in den vergangenen Jahren stark zur Destabilisierung der ganzen Region beigetragen, was ja erst einmal auch noch Teil der Strategie ist, wenn man es auf Systemwechsel abgesehen hat. Danach aber scheiterten die Strate-gen am Aufbau neuer stabiler Systeme.

Der Kampf der Imperialstaaten auf dem Gebiet des Nahen Ostens haben Zonen des Chaos erzeugt, in denen Handelswege, Absatzmärkte und Rohstoffförderung instabiler sind denn je, und die mittelfristig für die Kapitalakkumulation oder die Expansion der Kapitalverwertung un-brauchbar geworden sind. Und an dieser Stelle öffnet sich eine weitere Dimension des Syrienkrieges. Die Krise des Imperialismus als Ganzes, als die Unfähigkeit der imperialistischen Großmächte, in ihrer Peripherie für ausreichend Ordnung zu sorgen oder sich auf eine gemeinsame Neuordnung zu einigen. Man muss den USA an dieser Stelle attestieren, dass sie in dieser Krise des Imperialismus schlechter abschneiden, als etwa Russland oder der Iran. Sehr viel schlechter sogar.

Russland und der Iran, deren Interessen sich im Nahen Osten stark überschneiden, haben sich besser gemacht als die USA. Der Irak wird von Teheran-treuen schiitischen Parteien regiert, abgesichert wird der Machtanspruch nicht zuletzt über schiitische Milizen, sie haben sich, gefördert vom Iran und der irakischen Regierung, im Kampf gegen den IS bereits vor einigen Jahren zu einem Dachverband zusammengetan, den Volksmobilisierungskräften, *Al-Haschd asch-Scha'bī*. Der Verband ist inzwischen zu einer relevanten Kraft geworden, der teilweise auch die Grenzen zu Syrien kontrolliert. Über die Dominanz schiitischer Kräfte und den Wiederaufstieg von Baschar al-Assad haben es die Eliten in Teheran und Moskau geschafft, einen Machtbereich aufzubauen, der sich vom Iran über den Irak bis zur Levante, der syrischen Mittelmeerküste, zieht.

Im Nahen Osten zeichnen sich, in der Folge des schrittweisen Ausscheidens der USA aus der Region, neue imperialistische Staaten ab, die teilweise in Konkurrenz zueinanderstehen. Der Iran, Saudi-Arabien und die Türkei. Sie alle stellen die US-Hegemonie im Nahen Osten in Frage und kämpfen um die Vorherrschaft in der Region. Es waren, und das ist das ironische an der Sache, die Strategen in Washington selbst, die den Prozess der zerfallenden unipolaren Weltordnung beschleunigt haben. Mit der Zerschlagung des Irak durch NATO-Staaten beginnt ein Bürger- und Stellvertreterkrieg, der nicht zugunsten der USA, sondern ihres Widersachers Iran ausgeht. Der Iran profitiert von den schiitischen Eliten, die durch den Sturz Saddams an die Macht gekommen sind und unterstützt den Aufbau von schiitischen Milizen im Land mit Waffen und Geld. Genau wie der sogenannte Islamische Staat sich auf den Trümmern von Bagdad und Basra gründete, geschah das mit radikal-schiitischen Milizen, die sich unter iranischem Einfluss zum rund Einhunderttausend Mann starken Verband *Al-Haschd asch-Scha'bī* zusammengetan haben.

Und auch in Syrien sinkt der Einfluss der USA, die im Kampf gegen Daesh erst auf gemäßigte FSA-Islamisten und dann, wohl auch aus Mangel an Alternativen, auf die kurdisch dominierten Volks- und Frauenverteidigungseinheiten setzten. Große Teile des Landes sind nun wieder in der Hand von Baschar Al-Assad, auch er wird vom Iran und nicht zuletzt von Russland unterstützt, auch in Syrien haben sich in weiten Teilen die Gegenspieler der USA durchgesetzt. Das macht die Lage gefährlich, weil es die USA zu einer Entscheidung zwingt: Entweder klein beizugeben oder aber in die Offensive zu gehen und den Iran zum entscheidenden Kräftemessen herauszufordern. Die anti-iranischen Provokationen Israels, einem der letzten Verbündeten der USA in Westasien, lassen Grund zur Sorge, dass man sich im Weißen Haus für die letztere Option entscheiden könnte. Mit unabsehbaren Folgen, bis hin zu einem sich auf weitere Regionen ausweitenden Krieg, stehen hinter dem Iran doch auch die Interessen des russischen Imperialismus.

Der Zerfall der alten Weltordnung, der in der Unfähigkeit der USA im Nahen Osten wieder klare Verhältnisse zu schaffen seinen Ausdruck findet, basiert auch auf einem schleichenden Einbruch der ökonomischen Übermacht der großen imperialistischen Blöcke USA und der von Deutschland und Frankreich dominierten EU. Ganz deutlich wurde dieser Zusammenfall in der letzten großen Wirtschaftskrise. Ausgehend vom Platzen der Immobilienblase in den USA, schwappte die sich internationalisierende Krise ab 2008 erst durch die Finanzmärkte, bevor sie die sogenannten Realmärkte erreichte, was in den kapitalistischen Zentren zu einer massiven Vernichtung von Kapital und Arbeitsplätzen führte. Die letzte große Krise, die bis 2014 andauerte, beschleunigte die globale Kräfteverschiebung und wurde auch in Westasien zum Sprungbrett für den Aufstieg neuer imperialistischer Mächte, allen voran der Türkei, Saudi-Arabiens und des Iran.

Während der Anteil der traditionellen imperialistischen Staaten Europas, den USA und Japan am weltweiten Bruttoinlandsprodukt während der Krisenjahre stark einbrach, schafften es ehemalige „Schwellenländer", ihren Anteil stark zu steigern. Aber handelt es sich bei diesen Ländern nun schon um eigene imperialistische Mächte? Ein Anhaltspunkt, um diese Frage zu beantworten, ist die Höhe der Kapitalexporte, die aus diesen Ländern heraus in ihre jeweiligen Peripherien getätigt werden. Ebenfalls in den Jahren der Krise, zwischen 2008 und 2014, verdoppelte Saudi-Arabien beispielsweise seinen Kapitalexport. Die Türkei verdreifachte ihn, in Katar fand eine Versechsfachung des Kapitalexportes statt. Mit dem steigenden ökonomischen Einfluss der neuen Mächte geht auch ihr steigender politischer und militärischer Einfluss einher. In Westasien hat sich längst eine neue Machtachse, bestehend aus den neuen imperialistischen Staaten Türkei und Saudi-Arabien, gebildet, welche sich zwar in vielen Fragen auf einer gemeinsamen Linie mit den NATO-Partnern USA und EU befindet, inzwischen aber eigenen Ambitionen folgt.

Am Horn von Afrika, in der somalischen Hauptstadt Mogadischu, lässt das türkische Militär einen Stützpunkt bauen. Auf 50 Millionen Dollar schätzt das türkische Verteidigungsministerium die Kosten, 400 Hektar groß ist das Gelände. Und auch am persischen Golf, genauer gesagt in Katar, baut der AKP-Staat, mit Unterstützung von Saudi-Arabien, einen Militärstützpunkt. Ausgelegt ist er für 3.000 Soldat*innen – vorerst. Hier werden Fakten geschaffen, der ehemalige kleine NATO-Partner erhebt gemeinsam mit Saudi-Arabien Anspruch auf die Vorherrschaft in der Region, und das im Zweifel auch mal gegen die Interessen der anderen NATO-Staaten. Dabei geraten die beiden sunnitischen Mächte immer stärker in den Widerspruch zum iranischen Imperialismus, es ist auch dieser Wettstreit, der Syrien nicht zur Ruhe kommen lässt und droht, in weitere Kriege umzuschlagen.

In der Türkei ist die Unterdrückung von Minderheiten und der Versuch, künstlich ein homogenes Staatsvolk zu erzeugen, Staatsräson. Doch trotz des vielen Blutes das geflossen ist, gibt es noch genug Menschen, die sich den Plänen aus Ankara nicht unterordnen wollen, trotz der Faschisierung bricht immer wieder Widerstand gegen Vertreibung und Assimilierung los. (Foto: Anselm Schindler)

8

Rückkehr nach Dersim

Metin Cansız ist erst vor ein paar Jahren zurück in seine Heimat gekommen, in das türkisch-kurdische Dersim. Cansız ist bekannt in der Stadt, obwohl er Jahrzehnte im holländischen Exil lebte. Denn er ist ein Urgestein des kurdischen Befreiungskampfes, in den siebziger Jahren baute er die erste Widerstandsgruppe in Dersim auf. Er könne sich gut an die ständige Angst, aufgedeckt zu werden, erinnern, sagt er. Zwischen dem Brennholz versteckte er in jungen Jahren Werke von Marx und Lenin, las gemeinsam mit einigen Freunden.

Am Anfang ging vor es vor allem um den Aufbau einer staatssozialistischen Perspektive in der Türkei, „damals wussten wir nicht, dass wir Kurden sind oder was ein Kurde überhaupt ist". Doch mit dem Entstehen linker Widerstandsbewegungen kam in Teilen der Bevölkerung auch das Bewusstsein darüber auf, dass auf dem Territorium der Türkei nicht nur Türken leben. Zu den sozialistischen Idealen, gesellte sich der Wunsch nach der Befreiung der kurdischen Kultur von den Fesseln des türkischen Staates.

Dabei war von Anfang an auch Metins Schwester Sakine Cansız. Als die beiden politisch aktiv wurden, warnten die Eltern sie vor der Brutalität des türkischen Staates. „Du bist eine Frau, du machst da nicht mit", versuchten die Eltern Metins Schwester von ihren Plänen abzubringen. Doch Sakine sollte sich anders entscheiden. Sie schloss sich als erste Frau der PKK an. 1975 sollten sich die Sorgen der Eltern bestätigen, Metin Cansız wurde beim Verteilen von Flugblättern erwischt und festgenommen. Wenig später traf es auch seine Schwester. Für Metin sollten acht Jahre Gefängnis folgen, abwechselnd in Amed und Elazig.

Eine winzige Zelle und ein paar Bücher, das war sein Alltag hinter Gittern. Auch gefoltert wurde er, wie er berichtet. Doch am Schlimmsten sei es für ihn gewesen, dass er wusste, dass seine Schwester auch eingesperrt ist. Für Frauen seien die Foltermethoden oft noch härter gewesen, berichtet Metin, nicht selten sei es zu Vergewaltigungen gekommen. Der Staat habe gedacht, Frauen seien leichter zu brechen. Doch er täuschte sich: Metins Schwester Sakine und viele anderen Frauen der kurdischen Befreiungsbewegung trotzten den Qualen.

Metin Cansız lässt seinen Blick durch das Tal von Dersim gleiten. Es ist ein Blick, der von jahrelanger Sehnsucht zeugt, „was mich im Gefängnis am Leben gehalten hat, war der Wunsch, noch einmal lebend nach Dersim zu kommen, im Fluss zu schwimmen und auf die Berge zu klettern", erinnert sich Metin. Und diese Hoffnung ging in Erfüllung. Doch mit bloßer Freude, zurück zu sein, sind seine Gefühle nicht zu beschreiben: „Jeden Tag lache und weine ich", sagt Metin. Denn als er zurück in seine Heimat kam, führte ihn sein Weg zu den Gräbern seiner früheren Freund*innen und Genoss*innen. Am Stadtrand liegt auch seine Schwester Sakine begraben.

Im Januar 2013 wurde sie, wie auch zwei andere Aktivist*innen in einem kurdischen Kulturzentrum in Paris, durch Schüsse in Rücken und Genick ermordet. Hinter der Ermordung steckte der türkische Geheimdienst, die kurdische Bewegung vermutet auch eine Verstrickung anderer Geheimdienste in den Anschlag, dessen Hintergründe bis heute kaum aufgeklärt sind. Rund um Sakines Grab sind die lilafarbenen Fahnen der Frauenbewegung drapiert. Sakine Cansız ist für die kurdische Freiheitsbewegung zu einer Ikone geworden.

Seitdem die PKK sich von der Schaffung eines kurdischen Nationalstaates losgesagt und sich den Aufbau autonomer selbstverwalteter Gebiete auf die Fahnen geschrieben hat, werden auch in türkisch-Kurdistan basisdemokratische Strukturen aufgebaut. Sie reichen von Friedens- und Konsenskomitees zur Lösung von Konflikten innerhalb der Bevölkerung bis hin zu selbstverwalteten Frauenhäusern, die Frauen, welche von Gewalt ihrer Ehemänner betroffen sind, unterstützen.

In den Frauenhäusern wird auch Bildungsarbeit betrieben, es geht dabei oft um Inhalte der Jineoloji, um einen von der kurdischen Frauenbewegung begründete Analyse der Geschichte und Gegenwart der Frau. Vereinzelt existieren auch Strukturen für queere Menschen, für Lesben, Schwule und andere Bevölkerungsgruppen, die nicht in die heteronormative Logik passen. In der PKK wird immer wieder betont, dass im Demokratischen Konföderalismus für alle Identitäten Platz sei, doch Strukturen sind in diesem Gesellschaftsbereich noch nicht stark ausgeprägt. Es mangelt hier auch an einer theoretischen Auseinandersetzung.

Neben der Stärkung von Minderheitenrechten und eigenen gesellschaftlichen Strukturen von und für Frauen wird auch versucht, parallel zum Staat ein eigenes System der Rechtsprechung aufzubauen. Für die kurdische Bevölkerung ist das Rechtssystem des türkischen Staates oft gleichbedeutend mit Ausgrenzung und Diskriminierung. Die Bevölkerung hat die Justiz des türkischen Staates vor allem als eine Justiz kennengelernt, die vor extralegalen Hinrichtungen durch Paramilitärs die Augen verschließt, gleichzeitig aber linke, kurdische und türkische Aktivist*innen, Journalist*innen und Politiker*innen ins Gefängnis wirft. In vielen Regionen haben die Räte deshalb auch eigene Formen der Gerichtsbarkeit und Konfliktlösungsstrukturen aufgebaut.

In den Rechtskommissionen arbeiten vor allem Leute, die ein hohes gesellschaftliches Ansehen genießen. Darunter Anwält*innen, Aktivistinnen der Frauenbewegung, religiöse Personen und politische Aktivist*innen. Den Kommissionen geht es darum, bei Streitigkeiten eine einvernehmliche Lösung zu finden. Oft wenden sich die Menschen eines Viertels oder Dorfes in Fällen von Familien- oder Nachbarschaftsstreitereien an die Komitees. Doch auch bei schweren Verbrechen bis hin zu Mord, wenden sich Menschen an die Kommissionen, welche auch materielle Strafen verhängen und Täter*innen unter Aufsicht stellen. Doch im Vordergrund steht die (Wieder-) Einbindung in die Gesellschaft. Ein Schwerpunkt der Rechtskommissionen liegt bei häuslicher Gewalt, dabei wird eng mit der Frauenbewegung zusammengearbeitet.

In den letzten Jahren sind auch in Nordkurdistan einige Kooperativen-Projekte entstanden, die im Kleinen eine Wirtschaft aufbauen, die gemeinwohl- und nicht profitorientiert arbeitet. Trotzdem fehlt es den Selbstverwaltungsstrukturen oft an einer ökonomischen Basis. Wirtschaftlich scheitern die Strukturen an der Abhängigkeit vom marktwirtschaftlichen und staatlichen System. Der basisdemokratische Aufbau verläuft in den vom türkischen Staat beanspruchten Teilen Kurdistans unter sehr schweren Bedingungen, nicht wenige Aktivist*innen sitzen wegen ihres Engagements im Gefängnis, viele wurden ermordet. Das gilt erst recht für Mitglieder der PKK, deren Kader*innen den Aufbau der Basisdemokratie in Bakur vorantreiben und unterstützen.

Rund vier Jahrzehnte sind vergangen, seitdem die PKK in Nordkurdistan den bewaffneten Kampf aufnahm. Die neuerlichen Versuche eine zivile politische Lösung für die Kurdenfrage zu finden, die Friedensverhandlungen und nicht zuletzt der Versuch, über die Etablierung der Demokratischen Partei der Völker (*Halkların Demokratik Partisi* – HDP) zu einer friedlichen Lösung beizutragen, sind mit der aggressiven autoritären Wende des Erdogan-Regimes gescheitert.

Als die HDP in den Parlamentswahlen im Juni 2015 die Zehn-Prozent Hürde knackt, gibt das vielen linken Kurd*innen und Türk*innen neue Hoffnung. In vielen Stadtteilen, Dörfern und Kleinstädten Kurdistans wird, aufbauend auf den bereits bestehenden Selbstverwaltungsstrukturen, die demokratische Autonomie ausgerufen. Der türkische Staat antwortet darauf mit einer Eskalation der Situation, Dörfer und Städte werden vom Militär umstellt und beschossen. Die PKK erwidert das Feuer, der aufflammende Bürger*innenkrieg erstickt jegliche Hoffnung auf einen erfolgreichen Friedensprozess.

September 2015: Ein aufgeregtes Klappern, Rasseln und Rattern tönt durch eines der Viertel der kurdisch-türkischen Stadt Amed (türkisch: Diyabakir). Die Menschen versammeln sich auf ihren Balkonen und in den Straßen. Sie trommeln auf Töpfe und Teller, hämmern gegen Garagentore. Die Sonne geht gerade unter und an den schlecht verputzten Wänden an der Hauptstraße flackert der Schein brennender Barrikaden. Mit Tüchern vermummte Jugendliche haben einen Straßenzug unter ihre Kontrolle gebracht. Die Anwohner*innen versammeln sich hinter den wackeligen Barrikaden, die aus allem aufgetürmt werden, was herumliegt.

Die nächste Polizeistation ist nur rund Einhundert Meter weit entfernt. Die, die hinter den Barrikaden stehen wissen, dass die Barrikaden den Panzerfahrzeugen von Polizei und Militär nichts entgegenzusetzen haben, doch die Wut treibt die Menschen trotzdem auf die Straßen. Immer wieder hallt eine Parole durch die dunklen Gassen: *„Bijî Berxwerdana Cizîr!"* – „Es lebe der Widerstand in Cizîr!" Sechs Tage schon ist die kleine Stadt Cizîr (türkisch: Cizre) zum Zeitpunkt des Geschehens durch das türkische Militär und die Polizei belagert. In der Stadt liefern sich PKK und die Armee seit Tagen schwere Gefechte, es gilt eine Ausgangssperre, die Lebensmittel neigen sich dem Ende zu. Tote Zivilist*innen liegen auf den Straßen und Verletzte können nicht behandelt werden. Wer trotzdem auf die Straße geht, wird von Scharfschützen erschossen, sie haben auf den Minaretten der Stadt Stellung bezogen.

Einige Monate später wird bekannt, dass in einem der Keller von Cizîr mehr als 70 Menschen bei lebendigem Leibe verbrannt wurden, spätestens ab diesem Punkt werden die Massaker des türkischen Staates auch in westlichen Medien bekannt. Mit dem Belagerungszustand versucht der türkische Staat die PKK aus Cizîr zu vertreiben. Doch die Guerilla schlägt sich wacker, der Rückhalt in der Bevölkerung ist groß: In einem

Tunnelsystem können sich die Kämpfer*innen der Arbeiter*innenpartei Kurdistans von Haus zu Haus bewegen.

„Bijî Berxwerdana...", plötzlich verstummen die Parolen hinter der Barrikade in einem der Stadtteile von Amed. Nur das Knistern des Feuers ist noch zu hören. Angespannt starren alle in Richtung Polizeistation. Ein Schuss durchbricht die Stille der Nacht. Tränengasgranaten landen hinter der Barrikade. Einige Jugendliche versuchen die Polizei durch einfache, selbst gebastelte Granaten zu stoppen. Dann durchbrechen Panzerfahrzeuge die Barrikaden. Gasse um Gasse, Haus um Haus hüllt sich alles in beißenden Tränengasnebel. Vom Himmel tönt das dumpfe Rattern von Hubschrauberrotoren.

Nordkurdistan ist seit dem erneuten Ausbruch des offenen Bürgerkrieges nicht zur Ruhe gekommen. Immer wieder berichten kurdische und andere Medien über Festnahmewellen, tote Zivilist*innen oder Brände, die in Dörfern und Wäldern gelegt werden. Immer wieder kommt es seither auch zu Gefechten zwischen der HPG, dem militärischen Arm der PKK und der türkischen Armee und zu gezielten Attacken auf Institutionen des türkischen Staates, vor allem auf Polizei und Armee. Und die Angriffe Erdogans auf Kandil und auf Rojava lassen die Situation auch in Nordkurdistan immer wieder hochkochen. Seit dem Städtewiderstand vom Herbst und Winter 2015, haben sich die militärischen Auseinandersetzungen wieder mehr zurück in die Berge verlagert. Doch je härter das AKP-Regime auf die selbstverwalteten Gebiete Nordsyriens einschlägt und je mehr Bomben auf die Berge der Guerilla fallen, desto höher wird die Wahrscheinlichkeit, dass auch in den Städte türkisch-Kurdistans wieder ein Krieg entbrennt.

Der Euphrat ist beim Kampf gegen den IS immer wieder zur Frontstellung geworden. Doch inzwischen ist auch der Fluss selbst Teil des Krieges um die Region, wer das Wasser kontrolliert, kontrolliert auch das Leben. Für Rojava ist der Strom des Euphrat existenziell. Leider weiß das auch Erdogan. (Foto: Anselm Schindler)

9

Erdogans Dämme

Auf dem Bazar von *Hasankeyf* stehen die Touristen Schlange, um Ramsch-ware zu kaufen, aber auch kulturelles Handwerk wird lautstark angebo-ten. Gewebte Teppiche hängen da und Perlenarmbänder wie man sie auch von Touristenständen in anderen Teilen der Welt kennt. Auf den Felsen gleich am Fluss, versucht eine Gruppe Jugendlicher Fotos von Ziegen zu machen, doch die Tiere denken gar nicht daran sich einfangen zu lassen, auch nicht auf Fotos. Die Menschen, die eigentlich in Hasankeyf leben, sind derweil dabei zu überlegen, wohin sie die Gräber verlegen, wenn das Wasser kommt. Hasankeyf, das ist eine kleine, vor allem von kurdischen und arabischen Menschen bewohnte Stadt, am Ufer des Tigris, rund ein-hundert Kilometer östlich von Diyarbakir. Und geht es nach der AKP-Regierung, dann soll sie einem Stausee weichen, 135 Meter hoch wollen die Staatsmänner in Ankara den Tigris aufstauen, der künstliche See soll am Ende mehr als 300 Quadratkilometer umfassen.

Ilisu-Staudamm nennt sich das Projekt, es ist umstritten bis verhasst, Zig Mal standen die Menschen aus der Region und ökologiebewegte Menschen aus anderen Teilen der Welt bereits auf den Barrikaden, um den Staudamm zu verhindern. Die Turbinen des Megaprojektes sollen Strom liefern. Doch die Menschen, die am Ufer des Tigris leben, werden vertrieben, um die 78.000 Menschen sind betroffen.

2017 war der Streit um den geplanten Staudamm zuletzt internatio-nal wahrnehmbar, die türkische staatliche Wasserbehörde (*Devlet Su İşleri* – DSI) lies damals einen Teil der historischen Felsen am Tigris-Ufer sprengen. Die Felsen sind bekannt, nicht wenige Besucher kommen nach Hasankeyf, um die Höhlensysteme zu sehen die Menschen hier bereits vor vielen tausend Jahren in die Felsen getrieben haben. Hasankeyf hat eine lange Geschichte, seit 12.000 Jahren siedeln dort Menschen. Es ist nicht zuletzt diese Geschichte, die dem Wasser weicht. Schon vielfach wurde der Weiterbau des Staudamms hinausgezögert, mal durch Ge-richtsstreitigkeiten, mal durch Proteste, mal, weil wie im Herbst 2017, die Bauarbeiter für bessere Löhne streikten. Im März 2018 protestierten die Bewohner der Felsenstadt, die Demo wurden von der Polizei angegriffen, viele Menschen wurden von den Beamten zusammengeschlagen.

Einige Kilometer von dem kleinen Ort entfernt steht bereits Neu-Hasankeyf, vom türkischen Staat eilig aufgestellte Wohnsilos. Bis jetzt ist es eine Stadt, in der nur Geister Zuhause sind. Bis heute reichen die Wohnungen nicht aus und nicht wenige Menschen aus der Region können sie sich auch trotz Entschädigungszahlungen nur leisten, wenn sie sich verschulden. Oder nach einer Alternative suchen. Und so haben nicht wenige Bewohner*innen beschlossen, das Weite zu suchen, wenn das Wasser steigt. In die türkischen Metropolen zu migrieren oder in die Slums an den Stadträndern von Amed oder Batman. Und betroffen sind nicht nur die Menschen von Hasankeyf, sondern von 199 weiteren kleinen Orten entlang des Tigris.

Neben der Existenzgrundlage vieler Menschen, darunter auch die von Nomaden, die ihr Vieh an den Ufern des Tigris weiden lassen, wird auch die „Geschichte der Menschen der Region geraubt", wie Ercan Ayboga es formuliert. Ayboga ist seit vielen Jahren in der kurdischen Ökologiebewegung aktiv und kämpft auch für den Erhalt der kleinen, aber umso geschichtsträchtigeren Stadt. Der Flusslauf des Tigris ist die Wiege der modernen Zivilisation und des Neolithikums, schon die ersten Menschen die Hütten bauten trieben ihre Tiere an die Uferläufe des Tigris. Neben Hasankeyf sollen weitere 400 archäologisch registrierte Fundstätten überflutet werden. Darunter mehrere Tausend Höhlen und Spuren aus mehr als einem Dutzend verschiedener Kulturen, die in der Region ansässig waren. In nur 15 Stätten um Hasankeyf wurden bislang auch Ausgrabungen gemacht. Der Rest wird, sollte der Stausee Wirklichkeit werden, unerforscht untergehen.

Die Regierung in Ankara will das Projekt trotz aller Kritik um jeden Preis durchbringen. Die Baustellen werden vom Militär abgeschirmt, seitdem es immer wieder zu Angriffen durch die PKK kam. Ein weit verzweigtes Netz an Militärstützpunkten soll die Region sicher halten, im Sinne der Bauherren und der Regierenden in Ankara. Einige Gebiete, in denen Staudämme gebaut wurden, wurden bereits gänzlich zu militärischen Sperrzonen erklärt.

Der Ilisu-Staudamm ist Teil des Südostanatolienprojektes (*Güneyanadolu Projesi* – GAP), einem milliardenschweren Deal, an dem vor allem türkische Großkonzerne wie Cengiz oder Nurol, aber auch ausländische Firmen wie der österreichische Kraftwerksbauer Andritz beteiligt sind. Kredite wurden immer wieder auch von Banken aus verschiedenen europäischen Ländern zugesagt, die sich durch vehemente Proteste aber teilweise wieder davon distanzieren mussten. Insgesamt 22 Talsperren sind im Rahmen des GAP geplant, teilweise sind sie bereits fertiggestellt.

Ist ein Stausee erst einmal vollgelaufen, dann kommt hinter den Turbinen eine ähnliche Menge Wasser heraus wie zugeflossen ist, wenn auch durch Verdunstung einige Prozent verloren gehen. Doch die Aufstauung kann Jahre lang dauern und in diesem Zeitraum ist der Abfluss stark eingeschränkt. An einigen Nebenarmen des Tigris läuft die Stauung bereits seit Jahren. Und die Auswirkungen sind bereits spürbar – vor allem im südöstlichen Nachbarland der Türkei, im Irak. Auf Fotos aus der Region Bagdad sieht man, wie junge Männer im Juni 2018 den Tigris zu Fuß durchqueren, es ist nicht so lange her, da hätte das Wasser ihnen bis über den Kopf gereicht.

Wasser ist auch im Nahen Osten zu einer Waffe geworden und je schneller der Klimawandel voranschreitet, desto effizienter wird diese Waffe. Der türkische Staat weiß das zu nutzen, die Staudämme sind auch Druckmittel in Zeiten von Krisen zwischen den Staaten. Zumindest für diejenigen, die den oberen Lauf von Flüssen kontrollieren. Ankara weigert sich bis heute, die UN-Konventionen über die Nutzung internationaler Wasserläufe zu unterzeichnen oder mit der Regierung des Nachbarstaates Irak oder Assad ein Abkommen über die gemeinsame Nutzung des Tigris und Euphrat zu unterzeichnen.

Die Menschen im Irak sind angewiesen auf den Wasserzustrom aus dem Norden, auch in Bagdad und anderen Städten kam es deshalb bereits zu Protesten gegen den Bau des Ilisu. Es ist auch ein Kampf um die Zeit, der türkische Staat versucht immer wieder Fakten zu schaffen, „da geht es auch um psychologische Kriegsführung und Demoralisierung", erklärt Ercan Ayboga. Er und die vielen anderen Aktivist*innen und Bewohner*innen von Hasankeyf wollen den Kampf nicht aufgeben. Es wäre nicht das erste Megaprojekt, das im letzten Moment gestoppt wird, sagt Ayboga. Und gerade mit Blick auf die sich abzeichnende schwere organische Krise des türkischen Kapitalismus ist fraglich, ob sich das Regime am Tigris nicht verspekuliert hat und Erdogan beim GAP auf den letzten Metern Luft und Milliarden ausgehen.

Nicht nur der Irak, auch große Teile Syriens sind von der Staudamm-Politik der Türkei betroffen. Etwas westlich von Kobanê strömt der Euphrat, neben dem Tigris der größte Fluss in der Region von den kurdischen Gebieten der Türkei in Richtung Syrien. Und auch am Euphrat staut das AKP-Regime das Wasser. Das führt auch in Nordsyrien/Rojava dazu, dass das Landschaftsbild vermehrt durch Steppen und Wüsten geprägt ist. Die Gebiete entlang des Euphrat gehörten lange Zeit zu den fruchtbarsten in Syrien, doch wo die Böden austrocknen und erodieren, da wird auf längere Zeit gesehen auch weniger wachsen. Die Austrocknung der Region und der Wassermangel wird so, zumindest längerfristig gesehen, auch für die Menschen in Rojava zu einem existenziellen Problem.

Der sinkende Pegel des Euphrat wird von der Räteverwaltung Nordsyriens schon seit Jahren dokumentiert. Auch Nordsyrien ist, was die Versorgung mit Elektrizität betrifft, von großen Stauseen abhängig, 70 Prozent der elektrischen Energie stammen von den Turbinen der Dämme, die größtenteils unter Hafiz Al-Assad gebaut wurden. Einer dieser Stauseen ist der Tishrin-Damm, etwas südwestlich von Kobanê. Dort hat Erdogans Wasserpolitik inzwischen große Auswirkungen: Die Wassermenge die der Euphrat führt habe drastisch abgenommen, heißt es von Seiten der Verwaltung des Damms. Die Kommission für Außenbeziehungen des Cizîrê-Kantons hat die Zahlen der Dammverwaltung zusammengefasst und sie im Dezember 2017 veröffentlicht.

Vor allem die Vergleichswerte sind bezeichnend. Im August 2015 flossen noch rund 620 Kubikmeter Wasser pro Sekunde durch das Flussbett. Zwei Jahre später waren es rund 350 Kubikmeter. In den Folgemonaten zeigt sich die selbe Tendenz. Im Monat September sind es 2015 noch 470 Kubikmeter, im gleichen Zeitraum 2017 nur noch 360. Die Außenbeziehungs-Kommission von Cizîrê sieht dafür vor allem politische Gründe. 2015 wurde der Damm noch vom IS kontrolliert, zwei Jahre später von den kurdisch-arabischen SDF. Und während der türkische Staat den IS lange unterstützt hat, steht er den SDF feindlich gegenüber. Was den Schluss nahelegt, dass Erdogan das Wasser gezielt auch zur ökologisch-ökonomischen Kriegsführung nutzt.

Denn mit dem sinkenden Pegel des Euphrat, geht natürlich auch die Leistung der Turbinen an den Dämmen zurück. Auch das belegen Zahlen von der Verwaltung des Tishrin-Damms. Und so werden Erdogans Stauseen in Rojava auch zu einem Problem in Sachen Energieversorgung. In vielen Städten Rojavas kommt es immer wieder zu Engpässen, oft gibt es nur für einige Stunden am Tag Strom. In der Bevölkerung ruft das immer wieder großen Ärger hervor, in Städten wie Qamişlo und Al-Hasaka kam es wegen der schlechten Stromversorgung immer wieder zu Demonstrationen.

Bäume gegen Krieg: Das klingt naiv. Doch wo eine neue Gesellschaft entstehen soll, muss auch ein ganz anderes Verhältnis von Mensch und Natur gefunden werden. Teil der Herrschaft, ob unter Hussein oder Assad, ob unter Erdogan oder Rohani, war und ist auch immer die Beherrschung der ökologischen Existenzgrundlagen der Menschen. Eine radikal-demokratische und dezentrale Gesellschaft muss deshalb, auch im Umgang mit der Natur, ganz neue Wege gehen. (Foto: Anselm Schindler)

10

Bäume der Hoffnung

Zwischen Qamişlo und Minbij erstrecken sich entlang der Straßen hunderte Kilometer Ackerflächen. Für einige Monate im Jahr färben sie sich goldgelb, die meiste Zeit aber liegt die Erde brach da, braun bis zum Horizont. Vor der Revolution wuchs hier fast ausschließlich Weizen, Assad lies aus Damaskus diktieren was angebaut wird. Die Landwirtschaft war in den Jahrzehnten der Assad-Herrschaft in Rojava geprägt von kolonialer Unterdrückung. Und auch einige Jahre nach Beginn des demokratischen Aufbruchs, sind die Folgen der landwirtschaftlichen Ausbeutung Rojavas durch das Regime noch überall sichtbar. Die ehemalige Subsistenzwirtschaft vieler Kleinbauern wurde dadurch zerstört, dass das Regime sie zwang, großflächig Weizen anzubauen. Das Getreide wurde, ganz nach kolonialer Manier, zu größten Teilen auch nicht in den kurdischen Gebieten verarbeitet, sondern in die arabischen Metropolen transportiert und dort gemahlen und verarbeitet.

Die starke Fokussierung auf Weizenanbau führt in Nordsyrien bis heute zu Problemen, Gemüse und Obst müssen oft importiert werden. Und der monokulturelle Anbau fordert einen hohen Preis, er benötigt viel Wasser, zehrt die Böden aus, und die Bauern müssen regelmäßig Kunstdünger auf die Felder bringen, die Düngemittel die sie verwenden sind nicht selten krebserregend. Seitdem der Einfluss des Regimes zurückgedrängt wurde, versuchen viele Landwirt*innen ihre Produktion Stück für Stück wieder umzustellen, auf rund einem Drittel ehemaliger Weizenflächen wachsen inzwischen andere Ackerfrüchte. Und nach und nach wird auch wieder mehr Gemüse angebaut, anstatt es teuer zu importieren.

Nicht nur die Land- auch die Forstwirtschaft der Region ist geprägt von kolonialistischer Ausbeutung und jahrhundertelanger Unterdrückung. Schon die Römer, und später die Osmanen, haben entlang der ehemals recht grünen östlichen Mittelmeerküste ganze Landstriche für den Schiffs- und Gebäudebau und für die Herstellung von Holzkohle entwaldet. Und die wenigen Baumbestände, die Mitte des vergangenen Jahrhunderts noch da waren, fielen dem Assad-Regime zum Opfer, sie wurden systematisch gerodet, das Holz wurde vor allem in der Bauwirtschaft verwendet. Doch nachgepflanzt wurde nur selten. Und wo die

Bäume und ihr Wurzelwerk verschwanden, da erodierte oft der Boden, wurde zur Regenzeit weggeschwemmt, an vielen Stellen tritt der blanke Fels hervor. Und so hat die Syrische Wüste, die bereits rund zwei Drittel Syriens umfasst, ihren Vormarsch in Richtung Rojava angetreten. Verstärkt wird dieser Prozess durch Erdogans Staudammprojekte – und natürlich auch durch den Klimawandel. Auch in Syrien nehmen Dürreperioden zu und wenn es im Frühjahr noch regnet, dann oft so stark, dass es alles fortschwemmt.

Verstärkt werden die ökologischen Probleme durch die Ölförderung. Große Teile des syrischen Ölvorkommens erstrecken sich im Osten des Landes, an der irakischen Grenze vom Süden in den Norden. Und während die Räteverwaltung Rojavas zu Beginn der Revolution nur über wenige, ehemals von Assad genutzte Ölquellen verfügte, erlangten die SDF, im Zuge der Zurückdrängung des IS in den arabischen Süden, Kontrolle über immer größere Ölfelder. Inzwischen befinden sich rund zwei Drittel des syrischen Öls in den Händen der Föderation Nordsyrien. Das ist, gerade weil der Krieg gegen Daesh und lebensnotwendige Importe aus dem Irak und den Assad-Gebieten über den Ölverkauf finanziert werden können, ein großes Glück. Doch die Räteverwaltung steht, was die neuen Ölquellen betrifft, auch vor einem Problem. Wie auch beim Weizen wurde das Erdöl unter Assad zwar auch in kurdischen Gebieten gefördert, dann aber in arabische Städte abtransportiert, um es dort zu verarbeiten. In vielen Ölfördergebieten fehlt es deshalb an Raffinerien. Sie werden neu gebaut, doch oft mangelt es dafür an technischen Geräten. Die Produkte der Ölverarbeitung sind deshalb nicht selten von schlechter Qualität, oftmals dringt schwarzer Rauch aus den Auspuffen der Autos, zu Stoßzeiten sind die Straßen vieler Städte wie vernebelt vom Qualm der Autos.

Und dann ist da natürlich der Krieg, der irreversible Schäden in der Natur hinterlässt. Kriegsschäden werden in Toten, Verwundeten oder zerstörten Gebäuden beziffert, über die entstandenen ökologischen Probleme wird meist viel weniger berichtet. Schäden durch Öl, Chemikalien und Landminen sind oft für lange Zeit nicht zu beseitigen. Mit der Verseuchung von Luft, Wasser und Boden wird den Menschen ihre Existenzgrundlage geraubt. Nicht nur der jüngste Krieg um Syrien, auch der Iran-Irakkrieg und die zwei Invasionen von NATO-Staaten im Irak haben riesige Schäden hinterlassen. Der Qualm, der während des Einmarsches des US-Militärs angezündeten Ölquellen, enthielt mehrere Tonnen Schwefeldioxid, Stickstoffoxide und Kohlenmonoxid. Hinzu kamen krebserregende Schwermetalle wie Cadmium, Chrom und Blei. Flächenbombardements trafen irakische Industrieanlagen: Raffinerien, Pipelines, Chemie- und Düngerfabriken, Staudämme und Elektrizitätswerke. In der Folge starben Hunderttausende Schafe und Zehntausende Kamele an Luft- und Wasserverschmutzung.

Und nicht zuletzt die Tonnenweise verschossene Uranmunition belastet bis heute Wasser und Boden. Bis heute liegen in irakischen Kliniken Tausende von an Krebs erkrankten Kindern, deren Erkrankung auf die Verstrahlung durch die Überreste von Uranmunition zurückzuführen ist. In Syrien zeichnet sich ein ähnliches Bild ab. Auch dort wurden in den vergangenen Jahren immer wieder Ölfelder angezündet, verschiedene Konfliktparteien setzten chemische Kampfstoffe wie Sarin ein oder Brandkampfstoffe wie weißen Phosphor.

Bereits in den ersten Monaten nach Beginn der Revolution, riefen die Ökologiekomitees der Räte dazu auf, die Region wiederaufzuforsten, auch einige wenige Naturschutzgebiete wurden ausgerufen. Oft aber blieb es nur bei Aufrufen und ökologische Fragen wurden von wirtschaftlichen und militärischen Herausforderungen verdrängt. Seit Anfang 2018 hat sich auch ein Zusammenschluss von linken Aktivist*innen aus verschiedenen Teilen der Welt der ökologischen Frage in Nordsyrien angenommen. Mit der Kampagne *Make Rojava Green Again*, sollen gemeinsam mit dem Ökologiekomitee des Cizîrê-Kantons, neue Anstöße für einen ökologischen Aufbau gegeben werden.

„Als wir hier ankamen und die brennenden Müllberge und die Öl-Seen gesehen haben, wussten wir was zu tun ist", sagt Alessandra. Die italienische Biologiestudentin ist bereits seit mehr als einem Jahr in Rojava, um beim Aufbau mit anzupacken. „Neben der ständigen militärischen Bedrohung durch Dschihadisten und Erdogan, ist die zerstörte Natur hier eines der größten Probleme". Auf dem Gelände der Internationalistischen Kommune von Rojava, einer Kommune, die Anfang 2017 in der Region Derik eine Bildungsakademie für Internationalist*innen aufgebaut hat, erstrecken sich viele hundert Quadratmeter Ackerfläche. Dort werden im Rahmen von Make Rojava Green Again, seit dem Frühjahr 2018, in einer Baumschule tausende Stecklinge hochgezogen. Im Zentrum von Make Rojava Green Again steht die Wiederaufforstung der Region. Sie soll dabei helfen, Rojava wieder grün werden zu lassen, die oft sehr schlechte Wasserqualität zu verbessern und nicht zuletzt der Versteppung der Region entgegenzuwirken.

Und die Wiederaufforstung ist nur der Anfang. Letztlich gehe es darum, erklärt Alessandra, die Kommunen, wie die basisdemokratischen Zusammenschlüsse von Dörfern, Straßenzügen und Stadtteilen in Rojava bezeichnet werden, dabei zu unterstützen, eine ökologische Energie- und Lebensmittelversorgung sowie ein funktionierendes Abfallsystem aufzubauen.

Schon der Sozialist und Philosoph Friedrich Engels erkannte den Zusammenhang zwischen der Ausbeutung von Natur und Mensch. Er schrieb über den Menschen, dass dieser der Natur „mit Haut und Haar" angehöre und eine Unterwerfung der Natur schon deshalb automatisch in die Katastrophe führe. Der Ausweg aus dem Schlamassel führe, schreibt Engels in *Dialektik der Natur*, deshalb nicht über den vermeintlichen Bruch mit dem „Naturzwang", sondern nur durch den Kampf gegen die Ausbeutung von Mensch und Natur in der Klassengesellschaft. Die Geschichte hat Engels recht gegeben, auch im sogenannten Nahen Osten. Beispielhaft zeigen sich hier in den Ländern entlang des Euphrat und Tigris die Zusammenhänge zwischen kolonialistischer und imperialistischer Ausbeutung und der Zerstörung der ökologischen Existenzgrundlagen.

Sozioökonomische Spurensuche im Dorf Carudi, nahe der Kleinstadt Derik, ein bis zwei Autostunden östlich von Qamişlo: Als das Auto am Ortseingang von Carudi stoppt, winkt eine alte Frau die Besucher zu sicher her, „Çay!" ruft sie, „Tee!", Sie bittet die Fremden zu sich ins Haus, sie stellt sich mit dem Nahem Berfin vor, was aus dem Kurdischen ins Deutsche übersetzt so viel wie Schneeflocke bedeutet. Die kurdische Sprache ist eine lebendige, blumige Sprache. Die holprigen Gassen von Carudi sind von Lehmhäusern gesäumt, einige Kühe grasen am Ortsrand, sonst tut sich nicht viel. Carudi wirkt, als hätte sich am Leben hier seit Jahrhunderten nichts geändert, doch der Bürgerkrieg hat nichts unberührt gelassen in der Gegend. Auch nicht Carudi, ein Dorf in der Nähe von Derik im Norden Syriens, im Länderdreieck zwischen Syrien, der Türkei und dem Irak.

Die Bewohner*innen von Carudi bewirtschaften die Gemüseäcker gemeinsam und auch die Aufzucht und Verpflegung der Rinder wurde kollektiviert. Das kommt im Ort einer kleinen Revolution gleich – bis vor wenigen Jahren noch hatte im Dorf der Muxtar das sagen, so werden in der Region die Großgrundbesitzer bezeichnet, die zumeist mit dem Assad-Regime zusammenarbeiteten oder direkt von der Administration des Regimes eingesetzt wurden. Letztendlich war das gesamte Dorf im Besitz der Muxtars, „er hat immer gesagt, dass ihm die Felder, die Steine und auch die Luft gehören", sagt Berfin und lacht. Egal ob es um den Verkauf von Holz aus den Baumbeständen des Dorfes oder um Lebensmittel ging, die Dorfbewohner hatten stets einen Teil des Gewinns und der Erträge an den Muxtar abzugeben. Und auch mit dem Wasser habe es immer wieder Probleme gegeben, erinnert sich Berfin, der Muxtar habe die Quelle im Dorf für seine private Baumwollplantage genutzt, weswegen ein Teil der Baumbestände am Ortsrand vertrocknet sei.

Als die Bevölkerung Nordsyriens im Sommer 2012 begann, gegen das Regime aufzubegehren und die Autonomie der Kommunen ausgerufen wurde, begannen die Menschen in Carudi die Anweisungen des Muxtars zu ignorieren. Sie kollektivierten Nutztiere und Äcker. So wie es auch in vielen anderen Dörfern und Städten in Rojava passierte. Jetzt, da große Teile des Landes wieder unter der Kontrolle der Bevölkerung stehen, machen sich die Menschen an den Umbau von Land- und Forstwirtschaft. Und er zeigt erste Erfolge: Auf inzwischen immerhin rund einem Viertel der Ackerflächen Rojavas werden Feldfrüchte angepflanzt, die keine zusätzliche Bewässerung benötigen, darunter Linsen, Kichererbsen und Bohnen.

In Rojava wird auch eine Dezentralisierung der Landwirtschaft angestrebt – und die soll auch in den Städten stattfinden. Möglich, erklärt Aktivistin Alessandra, wäre beispielsweise die Bepflanzung von Brachflächen oder Dächern, diese könne dazu beitragen, Rojavas landwirtschaftliches System wieder auf eigene Beine zu stellen. Sowohl die Notwendigkeit der Belieferung der Städte mit Obst und Gemüse, als auch der Abtransport von organischen Abfällen würde damit zu großen Teilen aufgehoben. Orientieren könne man sich dabei am Beispiel Havanna, wie Alessandra sagt. In der kubanischen Hauptstadt werden rund 90 Prozent des dort verbrauchten Obsts und Gemüses in der Stadt selbst angebaut, die kleinteiligen urbanen Anbauflächen werden mit organischen Haushaltsabfällen gedüngt.

Und auch in der Energiewirtschaft wird auf eine Dezentralisierung hingearbeitet. Längerfristig wird die Stromversorgung durch Wasserkraft, wegen des sinkenden Pegels des Euphrat, nicht gewährleistet werden können, auch deshalb braucht es Alternativen. Auf dem Gelände der Internationalistischen Kommune wird derzeit an einem Windrad geschraubt – es wird das erste in der ganzen Region sein. Und wohl nicht das Letzte.

Für die globale revolutionäre Linke war es immer strategisch entscheidend, ob sie einen Rückzugsort hatte, einen Ort, an dem fernab der kapitalistischen Zentren gelernt und Kraft geschöpft werden kann. Seit dem Zusammenbruch der realsozialistischen Welt, sind diese Orte fast gänzlich verloren gegangen, in Rojava soll dafür ein neues Fundament geschaffen werden. Und die Internationalistische Kommune will dazu beitragen. Es soll ein Ort für globale Vernetzung und Zusammenarbeit revolutionärer Kräfte geschaffen werden. (Foto: Anselm Schindler)

11

Solidarität und Kritik

Kurdistan ist das Vietnam der heutigen Zeit. Lange nicht mehr hatte eine Befreiungsbewegung im Umland der kapitalistischen Zentren eine solche Anziehungskraft auf Menschen, die nach einer Alternative zu Kapitalismus und Nationalstaat suchen. Die Bevölkerung des kommunistischen Vietnam, konnte sich in den siebziger Jahren zwar erfolgreich gegen den millionenfachen Massenmord und die Besatzung durch das US-Militär wehren, scheiterte aber am Aufbau einer freien Gesellschaft. Kurdistan macht Hoffnung, dass es dieses Mal anders läuft – die kurdische Linke hat aus den Fehlern anderer Befreiungsbewegungen gelernt und versucht, einen nichtstaatlichen Weg zu gehen. Diese Entwicklung macht Kurdistan, vor allem seinen Westen, zum Anziehungspunkt für Linke und Abenteurer*innen. Von Menschen, die sich nach einem anderen Leben sehnen.

Einige Minuten Schlaglochpiste östlich der nordsyrischen Kleinstadt Derik, heben sich die Umrisse einiger kleiner Häuser von einem Hügel ab. Die Internationalistische Kommune von Rojava, ein Zusammenschluss von Linken aus verschiedenen Teilen der Welt, baut hier, nahe der türkisch-syrischen Grenze, eine zivile Akademie auf. „Am Anfang war es für uns Internationalist*innen schwierig, unseren Platz in den gesellschaftlichen Arbeiten zu finden", erklärt Aktivistin Paula, die bereits seit 2017 in Rojava ist. Die Kommune soll genau das ändern, sie soll Menschen aus aller Welt einen ersten Anlaufpunkt zur Verfügung stellen. Das Ziel: Internationalist*innen die nach Rojava kommen auf die Unterstützungsarbeit in der Gesellschaft vorzubereiten und einen Ort des Austausches zwischen Revolutionär*innen aus aller Welt zu schaffen.

In der Akademie der Internationalistischen Kommune hängen Bilder von linken Vorkämpfer*innen aus den vergangenen Jahrzehnten an der Wand. Von den Zapatistas über die Black Panthers bis zum Vietkong. Die Kämpfe der sechziger und siebziger Jahre sind hier allgegenwärtig, viele Aktivist*innen der Internationalistischen Kommune sehen sich, trotz einiger Kritik an den Bewegungen dieser Zeit, in ihrer Tradition. Schon damals in den Siebzigern, zog es Linksradikale aus verschiedenen Teilen der Welt in den Nahen Osten, im Libanon robbten Anarchist*innen und

Maoist*innen gemeinsam durch den Sand und ließen sich von palästinensischen Linken im Guerillakampf ausbilden. Und dann waren da El Salvador und Nicaragua, Anziehungspunkte für Linke aus aller Welt. Doch die Solidaritätsbewegungen scheiterten oft schon nach einigen Jahren, nicht selten daran, dass die Revolten und Revolutionen auf die man sich bezog zu reinen Projektionsflächen wurden. Viele der Hoffnungen, die man in die Kämpfe im Trikont setzte, erfüllten sich nicht, das idealisierte Bild im Kopf passte mit der Realität nicht zusammen und so fiel die Solidarität oft bereits nach wenigen Jahren in sich zusammen.

Spätestens mit dem Zusammenbruch des realsozialistischen Lagers und dem von Liberalen ausgerufenen „Ende der Ideologie", geriet die Linke nahezu weltweit in eine Krise. Und mit ihr der Internationalismus. Zum einen ganz praktisch, weil mit dem Zerfall der realsozialistischen Staaten Infrastruktur für linke Bewegungen in nichtsozialistischen Ländern wegbrach und zum anderen auch ideologisch, hatte sich die starke Fokussierung auf die Sowjetunion doch als große Enttäuschung erwiesen. In den achtziger und neunziger Jahren entwickelten sich, als Reaktion auf das starre Lagerdenken vieler internationalistischer Strömungen, gerade in Deutschland aus der autonomen Szene heraus ein Diskurs, der dem Kampf gegen den Imperialismus und den Internationalismus, seit Marx's Zeiten einer der entscheidenden Grundpfeiler der Linken, an sich skeptisch gegenüberstand. Und auch in marxistischen Kreisen verkam der Internationalismus seit den Neunzigern immer mehr zu einem Lippenbekenntnis ohne Praxis.

Mit dem Zusammenbruch der meisten linken Befreiungsbewegungen oder ihrer Zerschlagung durch den Kapitalismus, gingen auch strategische Gebiete und Orte verloren, in denen sich Linke aus anderen Teilen der Welt sammeln konnten, Orte des Lernens und der Ausbildung abseits der kapitalistischen Metropolen. Nicht Orte des Rückzugs oder Exils, sondern Orte um zur Offensive gegen die kapitalistischen Zentren auszuholen. Nicht zuletzt dieser Verlust hat zur Krise der Linken im Westen seinen Teil beigetragen. Der Aufbau der Internationalistischen Kommune, so sehen Paula und ihre Genoss*innen das Projekt, ist auch der Versuch, eine Antwort auf diese Krise zu finden.

Linke Bewegungen stehen heute, was den Befreiungskampf in den vier Teilen Kurdistans betrifft, vor den selben Fragen wie die Generationen vor ihnen. Vor dem Spannungsfeld zwischen Idealisierung auf der einen, und bequemen passiven Kritisieren auf der anderen Seite. Wie jeder revolutionäre Aufbruch, bewegt sich auch die kurdische Freiheitsbewegung in einem Spannungsfeld voller Widersprüche – militärischer, politischer und gesellschaftlicher Ausprägung.

Nicht wenige Linke, gerade aus Europa, schrecken wegen dieser Widersprüche vor einer offenen Unterstützung der kurdischen Bewegung zurück. Die Frage der Solidarität wird nicht selten als eine Entscheidung zwischen bedingungsloser Unterstützung und einem Kritisieren von Außerhalb missverstanden. Beides aber ist keine Lösung und bringt weder linke Bewegungen, noch die internationale Solidarität voran. Es gilt deshalb, eine solidarische Bewegung aufzubauen, die mit einer kritischen Haltung eingreift, die sich als Teil eines internationalen Kampfes um Emanzipation und Befreiung sieht und angesichts von Widersprüchen nicht zurückschreckt, sondern versucht, sie anzugehen. Es geht um eine neue Form transnationaler Solidarität und des gemeinsamen Kampfes .

So kann ein Prozess gegenseitiger Unterstützung weitergeführt werden, von dem beide Seiten profitieren können. Eine der ersten Lektionen die solidarische Menschen aus anderen Teilen der Welt, vor allem aber diejenigen aus Europa, in und an Rojava lernen müssen ist, dass eine Revolution nicht widerspruchsfrei abläuft und mitunter auch dreckig ist. Sie verlangt vor allem Flexibilität und Durchhaltevermögen.

Der Demokratische Konföderalismus ist keine Bauanleitung, keine Ideologie, sondern eine Methode, mit der die Gesellschaft sich selbst verwalten kann. Das zeigt sich vor allem in Rojava: Überall dort, wo sich Spielräume für die Selbstorganisierung von Menschen auftun wird versucht, sie zu füllen: Frauen fangen an, sich gemeinsame Emanzipationsräume gegen die Dominanz der Männer aufzubauen, Streitigkeiten werden nicht vor staatlichen Gerichten geklärt, sondern, soweit es möglich ist, von Konsens-Komitees. Und auch durch das Aufstellen eigener Milizen und Polizeien wird eine Unabhängigkeit vom Staat erreicht. Dadurch wird die Gesellschaft in Rojava der alten Forderung der Libertären gerecht, wonach sich Mittel und Ziel revolutionärer Bestrebungen decken müssen.

Gleichzeitig – und das mag auf den ersten Blick widersprüchlich erscheinen, steht hinter dem Erfolg der Selbstverwaltung und des radikaldemokratischen und egalitären Aufbauprozesses eine Kader*innenbewegung und die zentralistisch ausgerichtete Linie einer Bewegung die eine klare Kommandostruktur hat. Die PKK und ihre Schwesterorganisationen sind zentralistisch ausgerichtet, Anweisungen werden hier von oben nach unten weitergegeben. Das führt im Westen oft dazu, dass man Rojava gutheißt, aber sich von der PKK lieber distanziert. Doch das Eine ist ohne das andere nicht zu haben: Der Aufbruch in Rojava wäre ohne die jahrzehntelange Vorarbeit der PKK nicht denkbar.

Die Massenbewegung der PKK, das sei vorangestellt, ist keine basisdemokratische Bewegung. Sie ist eine Kader*innenpartei, deren Wurzeln im Marximus-Leninismus liegen und die in ihrer Entstehungsgeschichte auch stark von Maoismus geprägt wurde. Vom Maoismus hat die PKK nicht nur ihre starke Ablehnung des liberalen Lebensstils, sondern Praxen wie die der Kritik- und Selbstkritikrunden übernommen. Auch die Strategie des Volkskrieges, wie sie in Bakur praktiziert wird, wurde aus dem Maoismus übernommen.

Die inneren Strukturen der PKK funktionieren nach dem Prinzip des demokratischen Zentralismus, sie sind nicht demokratisch-konföderal. Während sich die PKK ab 2005 vom Marxismus-Leninismus und seinen autoritären Vorstellungen vom Aufbau des Sozialismus gelöst hat, hat sich an der internen Struktur der Partei nicht viel verändert. Von nicht wenigen Linken wird deshalb bemängelt, dass es zwischen den Parteistrukturen und der Praxis des Demokratischen Konföderalismus eine Unstimmigkeit gibt – während man in Rojava Basisdemokratie predige, sei die PKK weiterhin autoritär, heißt es dann. Diese Kritik betrifft oft auch die mit der PKK verbundenen klandestinen und militärischen Strukturen der Befreiungsbewegung Kurdistans, von der PJAK bis zur PYD.

Man könnte den Kritiker*innen zustimmen – wäre da nicht die Realität des Krieges. Und die Tatsache, dass es in der Geschichte der Linken keine Revolution gab, die sich nicht auf eine Organisation mit Kader*innen oder Funktionär*innen stützte. Selbst in der anarchosyndikalistischen Revolution während des spanischen Bürger*innenkrieges gab es in den Gewerkschaften, die sie anführten, Funktionärsstrukturen. Die PKK ist libertären revolutionären Organisationen von der Strategie her letztlich gar nicht so unähnlich, sie hat es sich zum Ziel gesetzt, Massenbewegungen anzustoßen und zu unterstützen, die Freiräume für die Selbstverwaltung von Menschen ermöglichen und verteidigen. Einer dieser Freiräume ist Rojava.

Auch in Rojava prangt, so wie in allen anderen Teilen Kurdistans, das Konterfei des PKK-Mitbegründers an vielen Hauswänden. Es flattert an Fahnen und flimmert über die Fernseher. Es ist ein Hype, der an die popkulturelle Verehrung von Kämpfern wie Ernesto Guevara auf Kuba oder mit Ho Chi Minh in der vietnamesischen Revolution erinnert. Anzumerken ist hier, dass Öcalan zwar idealisiert wird. Doch im Gegensatz zu den anderen beiden kann Öcalan von seiner Gefängniszelle aus weder Befehle erteilen noch direkten Einfluss auf die Politik der linken kurdischen Bewegung nehmen. Sein Einfluss beschränkt sich daher auf den Einfluss seiner Bücher und Schriften. Dass Öcalan in weiten Teilen der kurdischen Linken regelrecht verehrt wird und seine Bücher zwar diskutiert, selten aber offen kritisiert werden, hat seinen Ursprung nicht zuletzt in den Führungsvorstellungen der orthodox-marxistischen Linken, der auch die PKK entsprungen ist – doch auch diese Tradition ist wandelbar. Nicht zuletzt Öcalan selbst ruft in seinen Werken dazu auf, ihn zu kritisieren und sich auch ausgiebig und kritisch mit verschiedenen anderen Theoretiker*innen auseinanderzusetzen.

Die kurdische Bewegung hat sich in den vergangenen Jahrzehnten als enorm flexibel erwiesen. Diese Fähigkeit bewahrte sie letztlich auch vor dem Schicksal, dass so viele andere antikoloniale Befreiungsbewegungen ereilte: Der Vereinnahmung durch die bestehenden Systeme und Machtblöcke oder ihre Zerschlagung. Eine solidarische Kritik an der linken kurdischen Bewegung ist weiter notwendig. Eine blinde und unkritische Unterstützung ist genauso wenig gefragt wie eine eurozentrische Kritik, die nur bemängelt, aber nichts beizutragen hat. Und am wichtigsten bleibt es, einzugreifen und mit anzupacken.

Ausgerechnet in der Region, in der die staatliche Zivilisation, und mit ihr die Unterdrückung des Menschen und der Natur durch den Menschen, vor vielen Jahrtausenden ihren Ausgang genommen hat, probieren gerade Millionen Menschen aus, wie ein gänzlich anderes Leben funktionieren kann. Sie stehen somit in einer Tradition mit der Pariser Kommune, der spanischen Revolution und auch der Hausbesetzer*innenszene der Achtzigerjahre, in der Menschen ähnliches versucht haben. Ob der Aufbruch in Rojava überlebt und gelingt, hängt dabei nicht zuletzt auch von unserer Unterstützung ab. (Foto: Anselm Schindler)

12

Die Strategie der Rose

Seit Oktober 2014 darf seine Familie die Insel nicht mehr betreten, seit dem Frühjahr 2015 sind auch keine Besuche von politischen Delegationen mehr erlaubt, die Isolation scheint total. Auch seine Anwält*innen dürfen Abdullah Öcalan nicht mehr sehen, seit 1999 sitzt der politische Theoretiker und PKK-Vorsitzende auf der Gefängnisinsel İmralı in Haft. Draußen werden derweil seine Schriften verlegt und übersetzt, im vergangenen Jahr erschien der erste Band des *Manifest der Demokratischen Zivilisation* beim Verlag *International Initiative Edition* in deutscher Übersetzung. Rund einhundert Jahre nach der Oktoberrevolution in Russland, soll das Manifest die theoretische Grundlage für einen neuen Anlauf des Versuches liefern, den Menschen von seinen Ketten zu befreien.

So wie auch in Öcalans früherem Werk, *Jenseits von Staat, Macht und Gewalt*, fußt der erste Teil des Manifestes der demokratischen Zivilisation, neben einer kritischen Auseinandersetzung der positivistischen Wissenschaft, auf der Analyse der letzten Jahrtausende der Menschheitsgeschichte.

Sie beginnt vor der Kulisse der Taurus-Zāgros-Gebirgskette, in einem Gebiet, das heute den Iran, Irak, Syrien und die Türkei umfasst, überwindet der Mensch vor rund 12.000 Jahren mit der neolithischen Revolution die Jäger- und Sammlergesellschaft. Es ist der Beginn der Jungsteinzeit, die Menschen werden in Dörfern sesshaft, betreiben Ackerbau und Viehzucht. Vom „Fruchtbaren Halbmond" aus, also dem Regengebiet nördlich der syrischen Wüste, verbreitet sich die Neolithische Revolution erst Richtung Zweistromland, dann Richtung Nil und zu den Rändern Europas.

Die Dorfgemeinschaften der Jungsteinzeit sind laut Öcalan – so archaisch sie uns auch heute erscheinen wollen – alles andere als autoritär geprägt. Öcalan bezieht sich dabei auch auf archäologische Befunde, Grabbeigaben und Höhlenmalereien. Das Privateigentum ist zu diesem Zeitpunkt noch nicht erfunden, Anhäufung von Produktionsmitteln und Gütern in den Händen von einzelnen Menschen findet nicht statt. Im Gegenteil: Es sei davon auszugehen, dass das Nicht-Teilen als schweres Vergehen galt, schreibt Öcalan bereits in seinem Buch *Jenseits von Staat,*

Macht und Gewalt. So wie das bis heute noch in vielen Stammesgemeinschaften indigener Völker, in verschiedenen abgelegenen Teilen dieser Welt, der Fall ist.

Die Klangemeinschaft gründet, wie Öcalan mit starker Bezugnahme auf den US-amerikanischen anarchistischen Theoretiker Murray Bookchin schreibt, auf den Errungenschaften von Frauen und das kollektive Eigentum. Archäologische Rückschlüsse auf diese Epoche der Menschheitsgeschichte lassen sich beispielsweise durch die Erforschung von Gräbern, Grabbeigaben und der Siedlungsstruktur der Dorfgemeinschaften ziehen. Im Mittelpunkt der Klangemeinschaft steht, so Öcalan, die weise Frau. Der Klan ist eine matrizentrische Gemeinschaft, die nicht der Kontrolle von alten Männern unterliegt.

Dann, ein genauer Zeitpunkt lässt sich dabei nur schwerlich feststellen, geschieht über die Jahrhunderte das, was Öcalan als den „Einbruch der Hierarchie" bezeichnet. In den Dörfern gewinnen Cliquen von männlichen Jägern und Schamanen die Oberhand. Der Schamane als Vorgänger des Priesters tut sich als Vorsteher des Klans hervor. Seine Macht begründet er auf mystische Rituale und Traditionen, die nur ihm vorbehalten sind, der Schamane ist der Vater der Herrscherdynastien. Die Entstehung von Mythen und Märchen über Hexen und sündige Frauen, bis hin zu Eva im Alten Testament, spiegelten, erklärt Öcalan, letztlich die Verdrängung der matrizentrischen Kultur wieder. Aus den Göttinnen der Vorzeit werden böse alte Weiber.

Die Jagd- und Kriegskultur des Mannes führte letztlich auch zur militärischen Organisierung. Diese Gewalt ist die Basis des Privateigentums. „Beherrschen beinhaltet ‚besitzen' in einer dialektischen Beziehung", schreibt Öcalan. Aus dem Besitzverhältnis heraus entwickeln sich im Laufe der Menschheitsgeschichte verschiedene Eigentumsordnungen, vom Privat- bis zum Staatseigentum. Sie alle gründen auf der Urgewalt, der Trennung der Ressourcen von der Gesellschaft und ihre Verwaltung durch einige Wenige.

Darin nimmt auch die Entfremdung des Menschen von der Natur seinen Anfang. Er fängt an, sich nicht mehr als ein Teil von ihr zu betrachten, sondern als außerhalb stehend. Anders ließe sich Natur, von Tieren über Land bis hin zu Rohstoffen, auch gar nicht als Eigentum verwalten. Der Prozess der Entfremdung von der Natur ist auch der Beginn ihrer Zerstörung.

Die Frau ist das erste Opfer der sich entwickelnden hierarchischen Gesellschaft. „Die Frau wurde aus der natürlichen Gesellschaft herausgerissen und geriet in eine nahezu vollständige Sklaverei", schreibt Öcalan zu diesem Prozess. „Alle anderen Formen von Sklaverei und Knechtschaft entwickeln sich als Folge der Versklavung der Frau." Ohne die Überwindung des Patriarchats könnten also auch alle anderen Formen von Unterdrückung nicht überwunden werden. „Eine neue Ära hatte begonnen. In ihr wurden die Gemeinschaft, die Frauen, Kinder und die Jugendlichen, wie auch ergiebige Jagdgründe und Sammelstellen als Eigentum betrachtet. Der starke Mann trat immer mehr in den Vordergrund. Nur wenig fehlte noch zum Gottkönig."

Aus der Priesterschaft, die die Herrschaft über die Gesellschaft und ihren geistigen Spiegel, die religiöse Herrschaft, vereinte, entwickelte sich bei den Sumerern, der ersten Zivilisation der Menschheitsgeschichte, vor 7.000 Jahren der Prototyp der Klassenherrschaft. Der erste Stadtstaat, der in der sumerischen Stadt Ur im heutigen Irak mächtige Tempelanlagen schuf, baute auf dem Horten von Eigentum, Zentralisierung von Macht und Unterdrückung des weiblichen Geschlechtes auf. Die Kriegskultur, die von den Sumerern ausgeht, verbreitet das Paradigma der Herrschaft der alten Männer über die ganze Welt. Und so beginnt die Geschichte des modernen Menschen auch mit einem Missverständnis: Dem Glauben daran, dass Fortschritt ohne Herrschaft nicht möglich ist.

Das römische Reich, das vor 2500 Jahren von Italien aus beginnt zunehmend große Teile Europas, Nordafrikas und Westasiens zu unterwerfen, konserviert das Wesen der antiken griechischen Zivilisation. Es ist die Zusammenfassung eines Zivilisationsstranges, der sich von Sumer bis nach Europa zieht. Abdullah Öcalan bezeichnet die sumerische ideologische wie auch materielle Kultur deshalb als die entscheidende „Wurzelzivilisation" des europäischen Zivilisationssystems von heute.

Das Zivilisationssystem des modernen Kapitalismus, das heute nahezu weltweit alle Gesellschaften, wenn auch in unterschiedlicher Intensität, durchdrungen hat, verbreitet sich durch den kapitalistischen Expansionszwang im Zeitalter des Imperialismus von Europa aus über die ganze Welt. Es hat seinen kulturellen und ideologischen Ursprung im Römischen Reich. Deshalb, schreibt Öcalan in *Zivilisation und Wahrheit*, sei die kapitalistische Moderne nicht zu verstehen, wenn das römische Reich und sein Zerfall nicht richtig analysiert werden.

Die Widersprüche, die zum Zerfall des antiken Roms führen, sind, so Öcalan, äußerer und innerer Natur. Einerseits führt ein überhandnehmen der materiellen Kultur bei einem gleichzeitigen Zerfall der moralischen Werte – vor allem durch die brutale Ausbeutung der Sklav*innen – zu Widerstandsbewegungen, die den Aufbau neuer moralischer Systeme vorantreiben. Allen voran ist hier die Jesus-Bewegung zu nennen. Der Kampf der Christ*innen ist, in seiner Entstehung, im Kern auch ein Kampf der ausgegrenzten Klassen für Gleichheit.

Zwar schafft es der römische Staat nach nur dreihundert Jahren, den Widerstand der Christ*innen zu absorbieren – das Christentum wird zur Staatsreligion – doch führen die Widerstände zu einer Schwächung des Reiches von Innen. Von außen kämpfen Klangesellschaften, sogenannte „Barbaren", beispielsweise die Germanen, gegen den römischen Staat. Öcalan sieht in diesen Kämpfen eine Auseinandersetzung zwischen demokratischen und staatlichen Zivilisationssystemen. In der Geschichtsschreibung, die nach Öcalan bislang vor allem eine der herrschenden staatlichen Kräfte ist, werden diese „Barbaren" oft als unzivilisiert, als patriarchal und brutal charakterisiert. Doch gibt es viele Belege für die kollektivistische und egalitäre Struktur dieser Klangemeinschaften.

Beim teilweise erfolgreichen Versuch die „Barbaren" zu unterwerfen und sie ins staatliche System zu zwängen zerbricht das römische Reich, wie schon so viele andere Großreiche an der eigenen Überexpansion, die wohl entscheidender für das Ende des römischen Zivilisationssystems ist als die sozialen Kämpfe innerhalb des Großreiches.

Auf den Zerfall der antiken Großreiche, neben Rom vor allem Griechenland, folgt in Europa das sogenannte Mittelalter, das in der Geschichtsschreibung als düsteres Zeitalter beschrieben wird. Das Mittelalter kann als jahrhundertelanges Chaosintervall gedeutet werden, in dem die alte Ordnung zerfallen ist, sich aber noch kein neues Zivilisationssystem abzeichnet. Es ist von der Suche der Menschen nach Ordnung und Werten gekennzeichnet. Im Gegensatz zum Marxismus, misst Abdullah Öcalan dem Feudalismus in Bezug auf das Mittelalter keine große Bedeutung bei. Großgrundbesitzer und leibeigene Bauern habe es schließlich schon zu Zeiten früher Hochkulturen gegeben.

Sieht der Marxismus den Feudalismus und Kapitalismus als notwendige Vorstufen des Sozialismus und Kommunismus, betrachten inzwischen große Teile der kurdischen Linken das anders. Die von den Sumerern verdrängte egalitäre Gesellschaft besteht, argumentiert Öcalan, als

These in der jetzigen Gesellschaft fort. In sozialen Kämpfen „kämpft die Klangesellschaft selbst", ist er überzeugt. Es sei ja auch „widersinnig zu glauben, dass die gesellschaftliche Erfahrung von Jahrmillionen sich in Luft aufgelöst hätte. In der Natur wird nichts vernichtet, und das gilt erst recht für die Gesellschaft, die eine Form der Natur ist." Er räumt Befreiungsbewegungen damit einen von der sozioökonomischen Lage unabhängigeren Spielraum ein, als es die meisten marxistischen Theoretiker*innen tun.

Die demokratische Zivilisation, die weder durch Sklavenhaltergesellschaft, Feudalismus und auch nicht durch kapitalistische Verwertungsregime zerschlagen werden konnte, scheint bei Öcalan in der Geschichte und auch der aktuellen Situation immer wieder auf. Innerhalb der stark kapitalisierten Gesellschaften gibt es immer wieder Widerstände, die diese Zivilisation darstellen: Egalitäre Projekte von Menschen, die versuchen ein Zusammenleben ohne Herrschaft aufzubauen, ohne die Dominanz alter Männer. Hausprojekte gehören dazu genauso wie Kooperativen, selbstverwaltete Dörfer, Freundeskreise, ganze Stadtteile in denen die staatliche Autorität und die ständige kapitalistische Verwertung wenig zählen.

Letztlich ist jeder soziale Protest für mehr Gleichheit und Freiheit, jeder Streik, ein Kampf zwischen demokratischer und staatlicher Zivilisation sowie zwischen kapitalistischer und demokratischer Moderne. Mit diesem Begriffspaar bezeichnet die Freiheitsbewegung in Kurdistan die aktuellen Formen und Erscheinungen des Kapitalismus und die fortschrittlichen Widerstände und Gegenentwürfe, die daraus entstehen.

Auch Gesellschaften und Gemeinschaften an den inneren und äußeren Rändern der kapitalistischen Zentren leisten, wie zu Zeiten des alten Roms, Widerstand gegen die kapitalistische Moderne. Hingewiesen sei hier, um zwei Beispiele herauszupicken, auf die Kollektivität in Roma- und Sinti-Gemeinschaften, in denen Privateigentum einen geringen, das Teilen und Kollektiveigentum aber einen hohen Wert hat. Oder auf indigene Gemeinschaften in Nordamerika. Alle Versuche diese Menschengruppen in das System der kapitalistischen Moderne zu pressen verursachen großes Leid bis hin zum Völkermord. Um auf die beiden Beispiele zurückzukommen, geht es dabei um rassistische Ausgrenzung und Vernichtungsversuche, beziehungsweise um die Konzentration in eingezäunten Gebieten.

Gesellschaftssysteme, die nicht dem staatlichen und kapitalistischen System entsprechen, werden gerade wenn es um indigene Völker geht zwar zumeist als rückständig betrachtet, weil weder ihre materielle noch ihre ideologische Kultur zu System der kapitalistischen Moderne passen. Diese Haltung entspricht der Herangehensweise Roms an die „Barbaren" in seiner Peripherie. Doch in der Darstellung als exotisch und nicht zuletzt in ihrer Romantisierung, scheint auch der Wunsch nach einer Rückkehr zu den kollektivistischen Werten der demokratischen Zivilisation durch.

Auch viele Gesellschaften auf dem asiatischen und dem afrikanischen Kontinent weisen eine große Resistenz gegen die Einführung von Kapitalismus und Staat auf. Zweifelsfrei sind nicht alle dieser Gesellschaften libertär organisiert, oft sind auch sie patriarchal geprägt. Trotzdem wehren sie sich gegen die Vereinnahmung durch die kapitalistische Moderne. Diesen Mechanismus findet man auch in Teilen Kurdistans. Es wäre falsch, diese Gemeinschaften und Gesellschaften in der kapitalistischen Peripherie zu idealisieren, doch der abfällige Blick durch die eurozentrische Brille ist mindestens ebenso falsch.

Folgt man Öcalans Analyse, wonach die Expansion der kapitalistischen Zentren in ihrer Form der des römischen Reiches ähnelt, dann kann das Zivilisationssystem der kapitalistischen Moderne, das immer modernere Formen von Ausbeutung, Krieg und Unterdrückung über die Welt verbreitet, an ähnlichen Widersprüchen zerbrechen wie das römische Reich. Am inneren Widerspruch, den Menschen, die nach einem anderen, solidarischen Zusammenleben suchen, und an den äußeren, an Aufständen in seiner Peripherie. Der Kampf der Befreiungsbewegung Kurdistans und der basisdemokratische Aufbruch in Rojava können dafür der Startschuss sein. Gemeinsam mit anderen Aufständen, wie beispielsweise dem der Naxaliten in Indien, den Widerständen der Mapuche in Chile und Argentinien, der maoistischen Guerilla auf den Philippinen oder den Volksmilizen und befreiten Kommunen in Mexico und Chiapas. Gemeinsam mit den riesigen Streikbewegungen dieser Zeit, wie beispielsweise denen in Indien und anderen Teilen Südostasiens.

Natürlich handelt es sich bei den Kämpfen dieser Bewegungen oft um Abwehrkämpfe, die gegen die Verschlechterung des ohnehin schlechten Status Quo geführt werden. Doch auch Abwehrkämpfe können, insbesondere in Krisensituationen, über sich selbst hinausweisen und in Offensiven umschlagen. In diesen Offensiven müssen sich die Protagonist*innen der vielen Widerstände stärker aufeinander beziehen und gemeinsame Angriffe auf Staat und Kapital koordinieren. Es gilt dabei strategisch vorzugehen und die immer stärker zu Tage tretenden Schwachstellen des globalen Kapitalismus anzugehen: Die Globalisierung des Kapitals stärkt das System zwar einerseits, zeigt aber auch seine Grenzen auf und schafft wunde Punkte, beispielsweise im Bereich der Logistik. Immer längere und komplexere Produktions- und Distributionsketten machen das System anfällig für Störungen, ein Streik in einem chinesischen Hafen beispielsweise kann heute eine Fabrik in den USA lahmlegen, die Besetzung einer Kobalt-Mine im Kongo kann zu Engpässen in der Produktion mikroelektronischer Geräte in Japan führen.

Es spricht viel dafür, dass der Zusammenbruch des Kapitalismus und seines politischen Herrschaftssystems von seinen Rändern her beginnt – oder umgekehrt: Dass der entscheidende Bruch nicht von innen beginnen kann. Ganz einfach, weil in diesem Innen selbst die Ausgebeuteten von der noch stärkeren Ausbeutung in der Peripherie profitieren und diese teilweise mittragen – und stellenweise verteidigen. Marxist*innen sprechen an dieser Stelle von der „Arbeiter*innenaristokratie", sie profitiert, um im marxistischen Jargon zu bleiben, von der Überausbeutung des globalen Subproletariats. Im Vergleich zu den sechziger und siebziger Jahren, in denen diese These in weiten Teilen der globalen Linken stark verbreitet war, hat sich allerdings eine Sache geändert: Die Ränder verlaufen durch immer stärkere „Liberalisierung" und Austeritätspolitik immer öfter auch innerhalb der sogenannten ersten Welt.

Wenn Öcalan vom Kampf gegen die kapitalistische Moderne schreibt, dann meint das kein Zurück zu den Stammesgesellschaften der Jungsteinzeit. Er schreibt von den Kämpfen für die demokratische Moderne, die sich die Errungenschaften von Technik, Medizin und Wissenschaft zu nutzen macht, um ein neues Leben jenseits von Männerherrschaft und Kapitalismus aufzubauen. Das Zivilisationssystem der kapitalistischen Moderne ist, geht es nach Öcalan, nur die Fortsetzung der Herrschaft der sumerischen Priester unter anderen Vorzeichen. Dort, wo sie vor Jahrtausenden die Herrschaft des Menschen über den Menschen entwickelten, im Nahen Osten, kann aus dem durch westliche Militärinterventionen und innere Widersprüche entstandene Chaos heraus, ihr Sturz vorbereitet werden.

Das Zivilisationssystem der kapitalistischen Moderne befinde sich, so geht es aus *Jenseits von Staat, Macht und Gewalt* hervor, seit dem Zerfall seines Gegenparts, der Sowjetunion, in einem Chaosintervall. Mit diesem Begriff beschreibt Öcalan „das Durcheinander, welches notwendig ist, um Veränderungen wie neue Formen, Arten und Strukturen in der Welt der Phänomene hervorzubringen." In einem Chaosintervall seien „die inneren Widersprüche eines Phänomens dann so zugespitzt, dass sie in der bestehenden Form nicht weiter existieren können. Die Form kann das Wesen nicht bewahren, sie wird unzulänglich, zu eng, zerstörerisch. In einer solchen Situation kommt es zu Zerfallsprozessen, es entsteht ein Wirrwarr, das ‚Chaos‘."

Auch im derzeitigen weltweiten chaotischen Zustand, besonders in Krisenregionen wie Westasien, entstehen neue Formationen menschlichen Zusammenlebens. Alte werden tendenziell überwunden. „Die Völker lösen sich in zunehmendem Maße von staatlichen Institutionen. Seit man versteht, dass jenes Phänomen von Staat, welches man Jahrtausende lang wie einen Gottkönig, den Schatten Gottes oder Gott selbst akzeptierte (siehe Hegels Sicht auf den bürgerlichen Staat), in seiner Essenz die Macht tarnt, welche die Quelle von Ausbeutung, Repression und Gewalt darstellt, isoliert man ihn zusehends." Im Märchen *Des Kaisers neue Kleider* ruft ein Kind: „Der Kaiser ist ja nackt!" Die Völker, schreibt Öcalan, begännen langsam den Staat entblößt zu sehen.

Für Teile des Nahen Ostens mag er damit recht haben, für große Teile der westlichen Welt allerdings gilt das Gegenteil. Hier rufen ökonomische und politische Krisen seit geraumer Zeit das Gegenteil hervor, ein Festklammern an den Nationalstaat. Die alte Ordnung zerfällt von der Peripherie her: Die maßgeblich auch unter westlich-imperialistischem Einfluss entstandenen, noch recht jungen Nationalstaaten Westasiens, sind vom Norden Afrikas bis an die arabische Levante am bröseln. Vermittelt über Phänomene wie Migration und den Wiederaufstieg des Djihad, erreichen die Krisenschübe dieses Zerfalls- und Neuordnungsprozesses immer wieder auch Europa und verstärken dort das Klammern an Staat und nationales Kapital.

Der Zerfall der nationalstaatlichen Ordnung in Teilen Westasiens zeigt sich auch darin, dass in den *failed states* Nordafrikas oder des Nahen Ostens immer mehr Organisationen aus dem Boden sprießen, die sich nicht mehr auf ihre nationalstaatliche Zugehörigkeit beziehen, sondern auf Ethnien und Kulturen oder Ideologien – hier religiöser, dort politischer Natur. Einerseits entstehen dadurch regressive Kräfte, wie der klerikalfaschistische sogenannte Islamische Staat oder nationalistische Regime wie das von Barzani, doch das große Chaos bietet andererseits auch Chancen für fortschrittliche und linke Bewegungen.

Die Menschen in Rojava haben diese Chancen erkannt. Sie haben den nackten Kaiser davongejagt. Der Demokratische Konföderalismus ist kein System im eigentlichen Sinne, kein starres Modell, sondern die sich mit Räten und Kommissionen selbstverwaltende Gesellschaft. Damit wird die Freiheitsbewegung in Kurdistan der Tatsache gerecht, dass eine gesellschaftliche Revolution nicht eine Sache von Tagen, Wochen, oder Jahren ist und auch nicht (nur) der Sturm auf irgendwelche Regierungsgebäude und ihre Zerstörung, sondern ein Prozess des Wachsens, des Aufblühens.

„Von der Rose, die ihre bezaubernde Schönheit durch Dornen schützt, können wir alle noch etwas lernen", schreibt Öcalan in *Zivilisation und Wahrheit*. Wie eine Rose entwickelt die Gesellschaft Kurdistans auch Stacheln, nicht, um anzugreifen, aber um Angriffe abwehren zu können. Es ist eine Revolte der Selbstverteidigung gegen die Fremdherrschaft und Fremdbestimmung. Ein Teil des globalen Abwehrkampfes gegen die Durchkapitalisierung der Welt und den wiedererstarkenden Faschismus. Aufblühen wie eine Rose, sich verteidigen und, wenn die Zeit gekommen ist, in die Offensive gehen.

In Rojava entsteht, im Windschatten des großen Chaos das in Westasien herrscht, das größte und wohl spannendste radikaldemokratische und in Ansätzen sozialistische Experiment unserer Tage. Die geopolitische Lage, mit der sich dieses Projekt in den kommenden Jahren auseinandersetzen muss, gibt genug Gründe zur Sorge: Klar ist, dass weder die politischen Machtzentren in der Region noch die imperialistischen Machtblöcke der Idee und der Praxis des Demokratischen Konföderalismus wohl gesinnt gegenüberstehen.

„Die Kurd*innen haben keine Freunde, außer den Bergen", lautet ein altes kurdisches Sprichwort. Es gilt zu beweisen, dass das nicht der Fall ist.

Lower Class Magazine (Hg.)

Konkrete Utopie

Die Berge Kurdistans und
die Revolution in Rojava –
Ein Reisetagebuch

192 Seiten | 14.00 €
ISBN 978-3-89771-070-2

Essayistischer Reisebericht
mit politischen Reflexionen,
Analysen und Vor-Ort-
Interviews

Im Frühjahr 2017 reisten
einige Redakteure des *Lower
Class Magazine* aus Deutschland nach Kurdistan. In die
Bergregionen an der türkisch-
irakischen Grenze und die
Ebenen Rojavas kamen sie als
teilnehmende Beobachter, als
Aktivisten in der Revolution,
die hier verwirklicht wird, um
zu arbeiten und von ihr zu
lernen.

Die Autoren lebten in den
Bergen mit der Guerilla,
lernten die Institutionen des
demokratischen Konföde-
ralismus in der Föderation
Nordsyrien kennen, bauten
Häuser, schlachteten Schafe,
recherchierten zum illegalen
Einsatz deutscher Waffen
gegen Ezid*innen im Sengal-
Gebirge und kämpften in
Raqqa gegen den Islamischen
Staat.

Meredith Tax

Auf einem unwägbaren Weg

Der Freiheitskampf der
Frauen in Kurdistan

328 Seiten | 19,80 €
ISBN 978-3-89771-064-1

Revolution, Frauenbefreiung
und Demokratische Autono-
mie in Kurdistan/Rojava

Meredith Tax macht sich in
diesem Buch auf den Weg,
die Frauenbewegung in
Kurdistan, die Politik der Ge-
schlechterbefreiung, die Praxis
der männlich/weiblichen
Doppelspitze in den Bürger-
meisterämtern und wichtigen
Verwaltungspositionen der
faktisch autonomen Region
Rojava sowie die 40%-Frau-
enquote in allen kommunalen
und überregionalen Räten der
Nordsyrischen Föderation
(Rojava) kennenzulernen
und zu beschreiben. Dabei
stellt Tax, nach einer kurzen
Einführung in die politische
Geschichte Kurdistans,
das von Murray Bookchin
inspirierte und von Abdullah
Öcalan ausgearbeitete gesell-
schaftspolitische Konzept der
>Demokratischen Autono-
mie< genauer vor.

Oso Sabio

Rojava

Die Alternative
zu Imperialismus,
Nationalismus und
Islamismus im Mittleren
Osten

112 Seiten | 9.80 €
ISBN 978-3-89771-058-0

Basierend auf einem Gesell-
schaftsmodell, das Nationalismus und religiösen Funda-
mentalismus ausschließt, das
auf der Gleichberechtigung
der Geschlechter und der
Völkerverständigung fußt
und die basisdemokratische
Beteiligung der Bevölkerung
organisiert, wird in Rojava seit
2012 ein gesellschaftspoliti-
sches Experiment der Freiheit
gewagt.

»In Rojava entsteht ein Ge-
sellschaftsmodell, das Nationalismus und religiösen Fun-
damentalismus ausschließt.
So lautet die Kernthese des
Autors, die er in seinem Buch
ausführlich und überzeugend
belegt.«

Reinhard Pohl | Gegenwind,

UNRAST Verlag | www.unrast-verlag.de | info@unrast-verlag.de   UNRAST